가까운 사람이
경계성 성격 장애일 때

가까운 사람이
경계성 성격 장애일 때

다정하고 단호하게 나를 지키고 그를 돕는 법

우도 라우흐플라이슈 지음

장혜경 옮김

시심

그들은 지킬 박사와 하이드일까?

이 책을 선택한 것으로 미루어 짐작하건대 당신은 이미 경계성 성격 장애에 관해 들어보았을 것이다. 어쩌면 당신의 아들이나 딸, 친구, 직장 동료가 그런 진단을 받았을지도 모르겠다. 혹은 당신 자신이 그런 장애가 있다는 진단을 의사에게 직접 들었을 수도 있다.

이런 소식을 들었을 때 보이는 반응은 사람마다 다 다르다. 단호하게 거부하는 사람이 있는가 하면("내가 그럴 리 없어." "내 친구는 절대 아냐."), 당황해서 어쩔 줄 모르는 사람이 있고("말도 안 돼. 세상에 이게 무슨 일이야."), 진단의 정확성을 의심하는 사람이 있는가 하면("오진이야. 틀림없이 잘못 안 거야."), 적절히 대처하기 위해 더 많은 정보를 원하는 사람도 있다.

인터넷에 접속해서 경계성 성격 장애를 검색해보면 아

마 봇물 터지듯 정보가 쏟아져 나올 것이다. 지킬 박사와 하이드 같은 괴담에서부터 아돌프 히틀러 같은 잔혹한 독재자를 거쳐 유명한 예술가, 학자, 정치인에 이르기까지 그런 장애를 안고 살았던 수많은 사람의 이름이 화면에 뜰 것이다. 사정이 이렇다 보니 차라리 검색을 안 했을 때보다 더 불안하고 당혹스러울 수도 있다. 하지만 경계성 성격 장애 환자의 증상과 일화 못지않게 치료법에 관한 정보도 많이 발견할 수 있다. 또한 요즘은 정신 장애도 심리치료를 통해 성공적으로 치료할 수 있다는 사실을 알고 나면 마음이 훨씬 가벼워질 것이다.

이렇듯 경계성 성격 장애에 관한 자료가 넘쳐나는데 뭐 하러 또 책을 썼을까? 이미 알아야 할 정보는 다 나와 있는데 말이다. 하지만 인터넷과 서점에서 관련 자료나 책을 찾다가 혹시 고개를 갸웃한 적이 없는가? 경계성 성격 장애 환자의 이야기는 이렇게나 많은데 그 가족, 친구, 직장 동료에 관한 책이나 자료는 왜 이렇게 없을까 하고 말이다. 환자의 전기 또는 경계성 성격 장애 관련 전문 서적에서 가족이나 친구가 슬쩍 언급되기는 하지만 대부분 관심의 초점은 경계성 성격 장애를 앓는 환자에게 맞춰져 있다.

그러니까 환자의 가족, 친구, 동료, 상사는 이런 자료들에서 중점 관리 대상이 아니다. 하지만 이들이야말로 매일매일 환자와 부딪치며 살아야 하는 사람들이다. 몇 년씩, 길게는 10년, 20년씩 환자와 동고동락해야 한다. 그 스트레스를 어떻게 해소할 것인가? 어떻게 해야 혼란스러운 감정과 파괴적인 관계의 소용돌이에 휩쓸리지 않을 수 있을까? 어떻게 하면 아픈 가족이나 친구를 도울 수 있을까? 환자와 가족 모두를 위해 최대한 하지 말아야 할 일은 또 무엇인가?

이 책은 바로 이런 문제들을 다룬다. 물론 이 책에도 경계성 성격 장애를 앓는 환자가 등장한다. 하지만 다른 책들과 달리 관심의 **초점**은 가족, 친구, 직장 동료인 **당신**에게 맞출 것이다. 다들 알고 있겠지만 책 한 권이 만병통치약이 될 수는 없다. 실제 '경계성 성격 장애'라는 꼬리표에는 별나게 대단한 정보가 담겨 있지 않다. 불리는 병명은 같아도 그 뒤편에는 전혀 다른 이력과 행동 방식을 가진 전혀 다른 사람들이 숨어 있다는 말이다.

이 책의 목적은 당신이 경계성 성격 장애라는 현상에

친숙해져서 경계성 성격 장애라는 진단명만 듣고도 불안과 공포로 벌벌 떨거나 혹은 반대로 장애가 가져오는 정신적·사회적 문제를 하찮게 생각하고 무시하지 않도록 만드는 것이다. 나는 무엇보다 경계성 성격 장애라는 질병이 환자와 당신의 관계에 미칠 악영향을 세심하게 알아차리는 것이 중요하다고 생각한다.

따라서 이 책은 일차적으로 환자의 가족이거나 친구인 당신 그리고 당신과 환자의 관계에 주목할 것이다. 당신은 적어도 네 가지 이유로 장애를 앓는 가족이나 친구의 삶에서 매우 중요한 역할을 맡고 있다.

첫째, 당신은 가족, 친구, 동료의 경계성 성격 장애 증상을 **처음으로 발견한 사람**일 것이다. 당신이 증상을 알아차렸다는 사실이 중요한 이유는 아직 외부인들은 전혀 눈치채지 못하고 있어서다. 대부분의 질병이 그렇듯 경계성 성격 장애 역시 조기 진단이 치료에 큰 도움이 된다. 물론 성급한 진단은 절대 금물이다. 그건 당신이 할 수 있는 일도 아니고, 유익하지도 않다. 당신의 역할은 가족 혹은 친구의 행동에서 눈에 띄는 특징을 지적하고 병원으로 가보라고 충고하는 것만으로 충분하다.

둘째, 당신은 보호자로서 자신과 **환자의 건강을 지키기** 위해 노력할 수 있다. 많이 부담스럽더라도 당신이 환자와 신뢰할 수 있는 정서적 관계를 유지한다면 환자의 건강은 크게 증진될 것이다. 또 환자의 행동에 확실한 선을 그어서 환자가 혼자서는 할 수 없는 계획적인 생활을 해나가도록 옆에서 도와줄 수 있다.

셋째, **전문적인 도움**에 관해 알려줄 수 있다. 경계성 성격 장애 환자 다수가 진즉에 누군가 옆에서 이상한 점을 발견해 알려주었더라면, 전문가의 도움을 받아보라는 말을 해주었더라면 훨씬 빨리 호전되었을 것이라며 아쉬워한다. 부모나 친구가 일찍 말해주었더라면 고통을 훨씬 더 줄일 수 있었을 것이라고 말이다.

마지막으로 당신은 환자가 **치료를 받겠다고 마음먹도록 옆에서 적극적으로 도와줄** 수 있다. 심리치료와 정신과 치료의 문턱은 여전히 높고, 심리치료를 받는 것이 자신의 나약함을 인정하는 것이라고 (잘못) 느끼는 사람도 여전히 많다. 사실은 그 반대다. 자신의 심리 문제를 인정하고 전문가에게 도움을 청하는 행동은 현명할 뿐 아니라 비판적 자기 인식의 증거이기도 하다. 환자가 이런 정확한 자기 인식과 자기 존중을 유지하도록 당신이 곁에서 도울 수 있을 것이다.

이 책은 모두 12장에 걸쳐서 경계성 성격 장애 환자와 그 보호자들이 맞닥뜨릴 중요한 질문과 문제를 다룬다. 독자의 이해를 위해 실제 인물들의 경험담과 행동을 사례에 담았다. 하지만 여러 사례를 짜깁기해 익명성을 보장했다. 등장하는 이름도 모두 가명이다.

환자의 개별 증상에 접근하기 전에 먼저 1장에서는 경계성 성격 장애가 무엇인지를 조금 더 상세히 설명할 것이다. 당신을 전문가로 만들어 이 사람이 경계성 성격 장애인지 아닌지 진단 내릴 수 있게 하려는 것이 아니라 이 병을 앓는 환자의 가족 혹은 친구로서 당신이 경험할 수 있는 모든 일을 **더 잘 이해**하자는 의도이다. 당신이 **건설적으로**, 다시 말해 피해당하는 일 없이 이 고단한 상황에 잘 대처할 수 있도록 도우려는 것이다.

이후 2장부터는 경계성 성격 장애의 주요 증상들을 설명할 것이다. 이 환자들은 세상을 흑 아니면 백으로 나누고 절대 타협하지 않으며(2장), '나쁜 것'은 전부 바깥으로, 다른 사람에게로 투사한다(3장). 외부인은 도저히 이해할 수 없는 수줍음과 거만함의 공존(4장), 현실 통제력 부족(5장), 충동성과 분노 폭발(6장), 모든 것을 압도하는 불안(7장), 과도한 기대와 집착(8장), 자신과 다른 생각을 용납하지 못하는 고집불통(9장), 자해 행동(10장), 공감할 수 없는 이상한 성격과 행동(11장)도 이 질병의 주요 증상이다. 마지막 12장에서는 경계성 성격 장애를 앓고 있음에도 엄청난 창의력을 발휘해 성공적인 삶을 사는 한 여성의 사례를 살펴볼 것이다.

각 장을 마무리하며 그 장에서 가장 중요한 내용을 요약정리했다. 또한 책의 마지막에 책 전체의 주요 내용을 다시 한번 요약정리했다.

이 책이 경계성 성격 장애 현상을 이해하고, 나아가 그것에 **현실적이고 건설적으로 대처**하도록 돕는다면 좋겠다. 환자와 **대화**를 시도하려는 당신의 노력을 덜어준다면 좋겠다. 무엇보다 환자는 물론이고 그 가족이 이 책을 통해 혼자라는 막막한 심정에서 벗어난다면 진심으로 기쁠 것 같다.

차례

1장

경계성 성격 장애란 무엇인가?

경계성 성격 장애를 다룬 자료는 참 많다. 여러 심리치료 학파(그중에서도 가장 규모가 큰 두 학파를 꼽아보면 정신분석치료와 인지행동치료가 있다)는 각기 나름의 이론에 맞추어 장애의 발전 과정을 해석하고 설명한다. 따라서 환자에게 사용하는 치료법에도 매우 큰 차이를 보인다. 신경학역시 경계성 성격 장애에 관한 다양한 연구 결과를 발표했다. 가령 경계성 성격 장애 환자가 있는 가족의 역학을 연구한 결과물도 있고 질병 진단법에 초점을 맞춘 연구 결과물도 많이 나와 있다.

우리가 현재 '경계성 성격 장애'라고 부르는 이 질병이 예전에는 없었다고 생각한다면 착각이다. 정신분석 초기에 발표된 연구 결과를 보면 1920년대와 30년대에도, 그 이전에도 지금이라면 경계성 성격 장애로 진단 내릴 케이스가 적지 않았다.

정확한 연구가 진행된 지난 몇십 년 동안 이 질병에 걸린 환자의 수가 증가한 것인지도 불명확하다. 임상 경험으로 보면 경계성 성격 장애 환자의 증가를 말해주는 결과물이 많기는 하지만 지금껏 그 사실을 확실히 입증할 만한 역학조사는 없었다. 또 설사 숫자가 증가했다 해도 그 병이 실제로 지금에 와서 더 자주 발병하는 것인지 아니면 그 병에 관심이 많아져서 인지와 진단이 늘어난 것인지는 부정확하다.

이런 논의에서 잊지 말아야 할 점은 **치료의 결과**와 그 장애에 대한 일반적인 인식이 정신 장애 진단에 큰 영향을 미친다는 사실이다. 20세기 초만 해도 경계성 성격 장애를 치료할 치료법이 없었기 때문에 경계성 성격 장애라는 진단은 지금과는 전혀 다른 의미를 지녔다.

지금은 경계성 성격 장애 환자의 치료에 효과적이라고 입증된 다양한 치료법이 존재한다. 따라서 이 병에 관한 '인식' 역시 과거와는 많이 달라졌다. 20세기 초만 해도 성격 장애는 불치병에 가까웠다. 소수의 치료사가 심리치료를 통해 환자들을 치료해보려 노력했지만 전체적으로 성과는 미미했다. 지금은 많은 치료법이 있어서 환자의 상태 개선은 물론이고 상황에 따라 완치 가능성도 매우 높다.

흥미롭게도 경계성 성격 장애 환자는 사람에 따라 자신의 질병에 매우 다른 반응을 보인다. 어떤 사람은 사형선고를 받은 듯 절망하지만 또 어떤 사람은 무슨 훈장처럼 떠들고 다닌다. 생각이 다르면 당연히 행동도 다르다. 진단을 흠이라고 생각하는 사람은 어떻게든 자기 병을 숨기려 한다. 또한 진단 결과를 인정하지 않으려 한다. 반대로 진단을 특별함의 증거라고 생각하는 사람은 누구를 만나든 먼저 경계성 성격 장애 이야기를 꺼내고 자기가 바로 그 주인공임을 마음껏 자랑한다.

전문 서적에서 설명하는 경계성 성격 장애 환자의 특징은 각자의 이론적 입장에 따라 크게 차이가 난다. 하지만 중요한 지점에서는 거의 일치하고, 국제적으로 사용되는 두 가지 진단 시스템 '국제질병분류[ICD]+'와 '정신 장애 진단 및 통계 편람[DSM]++' 역시 경계성 성격 장애의 주요 특징에 관해서는 대체로 일치한다. 정신분석에서 꼽는 경계성 성격 장애의 특징 역시 ICD 및 DSM과 비슷하다.

이제 경계성 성격 장애의 가장 중요한 특징들을 언급하고 짤막하게 설명을 덧붙일 것이다. 물론 이 특징만 대충 살펴보고 섣불리 진단을 내려서는 안 된다. 하지만 이것을 참고하여 가족이나 친구가 경계성 성격 장애일 **가능성**에 주목할 수는 있다. 그럴 경우 당신이 무엇을 할 수 있을지도 뒤에서 상세하게 설명할 것이다.

경계성 성격 장애는 **성격 장애**의 한 형태이다. 성격 장애란 장기간 지속되는 상태와 행동 패턴으로, 생활 방식과 자신 및 타인과의 관계에서 잘 드러난다. 환자의 인지, 사고, 감정, 관계 패턴이 다른 사람과 너무 다르기 때문에 개인적·사회적 상황에서 뚜렷한 행동 차이를 보이는 것이다. 성격 장애는 대부분 아동기나 청소년기에 시작되고, 시간

+ 사람의 질병 및 사망 원인에 관한 표준 분류 규정으로 세계보건기구에서 발표하는 자료이다.

++ 1952년부터 미국 정신의학회가 주관하여 기획·출판하는 의료편람.

이 가면서 차츰 반응 패턴으로 굳어진다. 따라서 환자는 유연하게 대처하지 못하고 사회적으로 부적절하거나 비합리적인 행동을 하게 된다. 당연히 개인의 고통과 사회적 기능 장애가 동반되는 경우가 많다.

성격 장애 중에서도 **경계성 성격 장애**는 가장 많이 알려진, 가장 흔한 질병이다.[1] **주요 증상**은 다음과 같다.

- 변덕이 심하다. (정서적 불안정)
- 결과를 생각하지 않고 충동적으로 행동한다.
- 감정 폭발이 잦고 충동적인 행동을 자제하지 못한다.
- 자아상이나 자기 인식이 불안정하며, 이런 상태가 뚜렷하고 지속적으로 나타난다.
- 자기 가치감이 낮다.
- 만성적으로 공허감을 느낀다.
- 관계가 강렬하지만 오래가지 못한다.
- 자해와 자살 충동을 동반한 자기 파괴적 행동 성향이 높다.

이 증상들의 공통점은 첫째, **불안정**이다. 기분도 불안정하고(그래서 감정 조절을 잘 못한다) 인간관계도 불안정하다. 인간관계의 경우 처음엔 좋아서 죽다가 금방 실망해 등을 돌린다. 둘째, **충동을 조절할 능력이 없다.** 특히 충동적 행동을 잘 저지르는데, 이런 행동은 다시 사회적 갈등을 유발한다. 셋째는 **불확실한 정체성**이다. 경계성 성격 장애 환자는 자신과 타인에 대한 명확하고 전체적인 이미지를 그리지 못한다. 사람을 항상 단편적으로만 인식하는데, 인식의 기준은 대부분 '그 순간' 그들에게 무엇이, 누가 중요한가다. 그 결과 내적·외적으로 혼란을 겪게 되고 인간관계에서도 문제를 일으킨다.

이런 다양한 문제 증상은 시간이 갈수록 더해져 결국 그 사람의 성격으로 굳어진다. 즉 그 사람의 전형적인 사고, 인지, 감정, 행동의 방식이 되는 것이다. 경계성 성격 장애 환자의 경우 거의 모든 생활 분야에서 제대로 기능하지 못하는 잘못된 전략을 사용한다. 즉 내적·외적 조건에 전혀 맞지 않는 해결 전략을 사용해 곳곳에서 문제를 일으킨다.

원인과 관련해서는 **생물학적 결정 요인**(가령 일정 정도의 충동성과 정서적 불안정, 고도의 예민함)과 **심리사회적 스트레스 요**

인이 있다는 데에서 출발해야 한다. 물론 생물학적 위험 요인이 있다고 해서 모두가 경계성 성격 장애 환자가 된다는 말은 아니다. 어쨌든 환경요인, 특히 (대부분 어린 시절에 겪은) 트라우마, 정서적 방임, 불안한 관계가 중대한 영향을 미치는 것은 사실이다. 미국 웨일코넬의학대학 정신의학과 교수 오토 컨버그^{Otto Kernberg}[2] 같은 정신분석학파의 학자들도 유전적 요인과 심리사회적 요인의 협업을 원인으로 보고 있다.[3]

경계성 성격 장애의 **빈도**와 관련해서는 앞에서도 언급했듯 지금까지 믿을 만한 역학조사가 진행된 적이 없었다. 여러 연구 자료에서 언급한 수치는 추정치로, 전체 인구의 1~2퍼센트로 추정하고 있다. 임의추출 방식의 임상 실험, 다시 말해 입원이나 외래를 통해 전문 인력의 도움을 요청한 사람들의 경우 상대적으로 수치가 높아서 환자의 비율이 14~20퍼센트에 이른다. 추정치에 불과하지만 어쨌든 우리 사회에 경계성 성격 장애 환자의 숫자가 상대적으로 많다는 사실을 보여주는 결과라 하겠다.

앞에서 열거한 증상들은 국제적으로 사용되는 진단 시

스템에 맞게 장애의 특징만 모아놓았을 뿐 그 결점을 **상쇄할** 만한 능력에 관해서는 전혀 언급이 없다. 심리사회적 요인에 관해서도 마찬가지 말을 할 수 있을 것이다. 앞에서 언급한 심리사회적 요인들은 스트레스 요인이며 경계성 성격 장애를 심화한다. 하지만 심리사회적 요인 중에는 **건강을 유지하고 촉진하는** 요소들도 분명 있을 것이다. 경계성 성격 장애를 논의할 때는 이 점도 고려해야 한다.

한 사람을 온전히 알려면 그의 긍정적인 면, 즉 재능과 사회적 자질도 알아야 한다. 사실 장애보다 오히려 그런 부분이 더 중요할 때가 많다. 또 그를 지지하는 사회적 요인도 간과하지 말아야 한다. 가령 직업적 상황과 사회적 네트워크가 대표적일 것이다. 정서적 지원뿐 아니라 여러 가지 차원에서 도움을 주어 환자의 건강을 지키는 가족의 의미도 빼놓을 수 없다.

이 세상에 결점만 있는 사람은 없다. 아무리 경계성 성격 장애 환자라 해도 위에서 언급한 증상만으로 그를 판단한다면 그것은 너무 불충분하고 왜곡된 이미지를 낳을 것이다. 무엇보다 장애가 심각한 사람일수록 그의 결점만 보지 않도록 주의를 기울여야 한다. 중증 장애를 앓는 환자에게도 긍정적인 측면이 있고, 그 측면 역시 소중한 법이다. 경계성 성격 장애 환자의 이런 긍정적 측면을 간과하지 않겠다는 뜻에서 나는 이 책의 마지막 장을 한 여성에게 할애했다. 경계성 성격 장애를 앓고 있지만 창의적 능력을 발휘해 사회적으로 인정받는 여성이다.

원칙적으로는 전문가가 내린 진단이라고 해도 절대 불변의 진리는 아니다. 앞에서도 말했듯 국제적으로 사용되는 진단 시스템은 특정 증상들을 질병의 증거로 보고 있고, 우리는 이 증상 리스트를 근거로 어떤 사람이 이런저런 진단 범주에 포함되는지를 결정한다. 그런 과정이 매우 정확한 것처럼 보일지라도 진단 과정에서는 항상 어느 정도의 불확실과 부정확성, 개인의 재량(솔직하게 말해 자의적인 해석)을 배제할 수 없다.

정신 장애 진단의 정확도를 높이려면 일정 정도 **시간을 두고** 지켜보는 과정이 필요하다. 경계성 성격 장애 진단의 경우 특히 더 그러하다. 첫 징후는 아동기나 청소년기에 이미 나타날 수 있겠지만 환자를 몇 년 동안 쭉 지켜본다면 진단의 정확도가 크게 높아진다. '그 순간' 100퍼센트 확실해 보이던 것도 오랜 시간을 두고 지켜보면 전혀 다르게 보일 때가 있고 그러면 진단도 달라질 것이다.

보통 전문가들의 관심은 경계성 성격 장애 환자 본인, 그들의 인생사와 상태, 치료 가능성으로 향한다. 그 밖에 그런 환자들을 상대하는 심리치료사의 감정, 치료사와 환자의 상호 관계에서 발생할 수 있는 문제점 등도 전문가의 관심 대상이 될 수 있다. 전문가들의 관심이 가족을 향하는 경우는 보통 치료 과정에서 이들이 맡는 긍정적 혹은 부정적 역할에 한정된다.

가족이나 친구, 직장 동료를 **독립적인** 집단으로 인지하는 경우는 거의 없다. 하지만 앞에서도 말했듯 당신은 가까운 보호자로서 특별히 중요한 역할을 하며 대부분의 시간을 환자와 보내고 그들의 장애로 인한 피해를 가장 많이 받는 사람이다. 이것이 바로 내가 이 책에서 우선적으로 당신에게 눈길을 돌린 이유다.

요점 정리

○ 경계성 성격 장애는 오래가는 상태이다. 따라서 환자의 다양한 삶과 경험에 영향을 미친다.

○ 경계성 성격 장애의 주요 증상은 변덕이 심하고(정서적 불안정), 충동 조절을 못 하며, 정체성이 불확실하고, 자해 행동을 하며, 관계가 강렬하지만 오래가지 못한다는 것이다.

○ 환자를 온전하게 알려면 이런 장애 증상들과 함께 그것을 보상하는 긍정적인 특성과 환경요인에도 관심을 기울여야 한다.

○ 경계성 성격 장애의 진단을 포함하여 모든 진단은 항상 어느 정도의 부정확성을 염두에 두어야 한다. 따라서 전문가의 진단이라고 해도 무조건 인정해서는 안 된다. 오랜 시간을 두고 경과를 지켜봐야만 정확한 진단을 내릴 수 있다.

○ 경계성 성격 장애의 원인으로는 생물학적 요인 이외에 특히 아동기와 청소년기의 심리사회적 스트레스 요인(폭력, 정서적 방임, 불안한 관계의 경험)을 꼽을 수 있다.

○ 경계성 성격 장애의 발생 빈도는 일반인의 경우 약 1~2퍼센트, 임의추출 방식의 임상 실험의 경우 14~20퍼센트로 추정된다. 즉 상대적으로 흔한 장애라 볼 수 있다.

2장

'적'이거나 '친구'이거나

서른다섯 살의 남성 기술자 마이스터는 일이 없어 한참을 놀다가 겨우 작은 설비 회사에 취직했다. 직원이라고 해봤자 사장님을 빼면 중년의 경험 많은 기술자가 한 명 더 있을 뿐이었다. 하지만 그 기술자는 프리랜서처럼 여러 회사에서 주문을 받아 일했기 때문에 크게 상대할 일이 없었다. 사장님은 매일 얼굴을 봐야 하고 현장에도 같이 다녀야 하는 데다 다른 사람보다 미숙한 점이 많은 마이스터에게 여러모로 이것저것 지시하고 간섭을 많이 했다.

하지만 6개월 전 사장님께 같이 일해보자는 입사 합격 통지를 받았을 때 마이스터는 온 세상을 다 얻은 것 같았다. 만나는 사람마다 "멋진 사장님" 칭찬에 입이 말랐다.

"내가 이제야 진심으로 존경할 수 있는 진짜 사장님을 만난 거지. 기술도 기술이지만 마음씨가 정말 비단결이거든."

몇 주 출근을 하다 보니 사장님은 더 좋은 사람 같았다. 때로는 아버지처럼 다정하고, 때로는 친구처럼 허물없이 대해주는 사장님이 너무 마음에 들어서 마이스터는 일할 맛이 절로 났다. 사장님도 새 직원의 능력에 아주 만족했고 그래서 기회 있을 때마다 칭찬하며 의욕을 북돋아 주었다.

어느 월요일 아침, 여느 때와 마찬가지로 두 사람은 이번 주 일정에 관해 이야기를 나누었다. 그런데 그날따라 사장님이 이상하게 퉁명스러웠다. 마이스터가 인사를 해도 받는 둥 마는 둥 했고 미팅을 시작하자마자 지난주 금요일에 지시한 일을 왜 다 마치지 않았느냐고 야단을 쳤다.

"마이스터 씨 때문에 현장에 또 가게 생겼잖아요. 금요일에 뒤처리를 깔끔하게 했으면 안 가도 될 일을."

사장님이 짜증스럽게 말했다. 마이스터가 이유를 설명하려 했지만 사장님은 그의 말을 잘라버렸다.

"지금 변명 들을 시간 없어요."

마이스터는 뜻밖의, 자신이 보기엔 정말로 부당한 비난

에 당황스러웠다. 무엇보다 사장님이 자신의 말을 자르며 금요일에 일을 마치지 못한 이유를 들어보려고도 하지 않았기 때문에 기분이 엄청 상했다. 그는 기분이 나쁜 상태로 말없이 사장님을 따라 차에 올랐고 현장으로 가는 내내 아무 말도 하지 않았다. 사장님 역시 불퉁한 직원에게 화가 나서 입을 꾹 다물었다.

현장에 도착한 사장님은 마이스터에게 짤막하게 업무를 지시하고 오전에 잡혀 있던 건축사와의 미팅을 위해 약속 장소로 출발했다. 그런데 몇 시간 후 현장으로 돌아왔을 때 마이스터가 보이지 않았다. 현장의 다른 일꾼들에게 물어보니 마이스터가 30분 전에 혼자서 욕을 하며 현장을 떠났다는 것이었다. 전화를 걸어도 받지 않았다. 저녁에 사무실로 돌아왔더니 자동응답기에 마이스터의 메시지가 녹음되어 있었다. 이따위 대접을 받고는 도저히 일할 수 없다. 그런 쓰레기 같은 일은 너 혼자 해라. 더러워서 이 회사에서는 더 이상 일 못 한다!!!

경계성 성격 장애 환자의 직장 동료, 가족, 친구는 이런 일을 흔히 겪는다. 마이스터가 사장님한테 그랬듯 환자는 침을 튀기며 "세상에서 제일 좋은 사람"이라고 칭찬하고 "베스트 프렌드"라고 자랑을 해댄다. 그러다가 별것 아닌 사소한 일에 갑자기 얼굴색이 싹 바뀌고, 순식간에 칭찬은 경멸과 공격적인 거부로 돌변한다.

여기서 주목해야 할 점은 상대에게 보냈던 긍정적인 평가가 없었던 것마냥 완전히 사라진다는 것이다. 자신이 상대를 칭찬하고 인정했다는 사실을 아예 부인한다. 자신은 사장님을 "단 한 번도" 좋게 생각한 적이 없으며, "처음부터 계속" 사장이 미친놈이라고 생각해왔다고 우긴다. 이렇듯 경계성 성격 장애 환자에게 세상은 흑 아니면 백, 적

아니면 친구일 뿐이다. 그 중간은 전혀 존재하지 않는다.

보통 사람들은 갈등의 순간에는 부정적인 감정이 지배한다 해도 나중에 정신이 돌아오면 상대가 가진 긍정적 특성을 인정할 줄 안다. 하지만 경계성 성격 장애 환자에게는 그런 여력이 존재하지 않는다. 주변 세상은 물론이고 자신마저 흑 아니면 백으로 판단하고, 그를 통해 양가감정 상태를 회피한다. 같은 사람을 양가감정으로 대하려면 자아가 강해야 하는데 경계성 성격 장애 환자에게는 그 정도로 강인한 자아가 없다. 따라서 세상을 흑과 백으로 양분함으로써 심리적으로 부담스러운 상황을 아예 막으려는 것이다.

물론 이런 전략 자체가 병리학적인 것은 아니다. 낯설고 당혹스러운 상황에선 누구나 흑백논리를 이용해 문제를 해결하려 한다. 두 가지 범주로 명확하게 나누면 아무리 복잡하고 혼란스러운 상황도 쉽게 이해하고 파악할 수 있기에 흑백논리는 세상을 이해하는 매우 간단하고 효과적인 방법이다. 그 방법대로 하면 세상 모든 사람은 우리의 (마이스터가 처음에 사장님에게 느꼈던 감정처럼) **친구**이거나 (마이스터가 사장님한테 야단맞고 현장을 떠나면서 느꼈던 감정처럼) **적**이 된다.

그러나 이런 태도는 어쩔 수 없이 사회적 갈등을 초래한다. 마이스터가 그러했듯 일단 자기 자신이 큰 손해를 입는다. 마이스터는 사장님이 어느 날 약간 퉁명스럽게 대했다는 이유만으로 그토록 오래 찾아다녔던 일자리를 헌신짝처럼 던져버렸다. 주변 사람들 역시 무척 당황스럽다. 그런 사소한 일 때문에 직장을 그만둔다면 누가 이해하겠는가.

또한 주변 사람들은 자신이 부당한 대접을 받았다고 느낄 것이므로 화가 나고 짜증이 날 것이다. 경계성 성격 장애 환자들이 현실을 견디기 위해 사용하는 흑백논리는 결국 부메랑처럼 그들 자신에게로 돌아가 그들을 해치는 단점 많은 전략이다.

우리 심리치료사들은 이런 환자를 상담할 때 환자의 인성을 강화하기 위해 노력한다. 인성 강화 훈련을 통해 자존감이 높아지면 같은 사람에게 정반대되는 감정을 느껴도 참을 수 있고, 상대에게 조금 실망해도 견딜 수 있다. 가족이나 직장 동료 중에 이런 환자가 있다면 설사 환자가 당황스러운 행동을 하더라도 화를 내거나 상처받지 말고 다시 환자에게 다가가서 그의 반응이 너무 과도하다는 점을 차근차근 설명해야 한다. 물론 그런 노력이 당장은 먹히지 않을 테지만 그래도 환자가 가진 경직된 흑백논리가 조금이나마 풀어져서 관계가 완전히 단절되는 상황은 피할 수 있을 것이다.

당신은 가족 혹은 직장 동료이므로 '치료사'의 역할을 대신할 수는 없다. 하지만 환자가 시작한 권력 투쟁에 휘말려 들지 않고 현실을 직시한다면, 다시 말해 상대의 반응과 그 원인이 상황 때문이 아니라는 사실을 명심한다면 문제 해결에 크게 기여할 수 있다. 앞서 설명한 사례에서는 사장님이 마이스터의 능력을 아깝다고 여기고, 그렇게 생각 없이 일을 그만두는 것을 안타까워한다면 마이스터에게 문자를 보내거나 전화를 해서 다시 한번 잘해보자고 제의할 수 있을 것이다.

하지만 사장님이 마이스터에게 사과하는 것은 옳지 않다. 사장님의 잘못이 아니기 때문이기도 하고, 무엇보다 사과가 마이스터에게 도움이 안 되기 때문이다. 사장님이 사과할 경우 마이스터는 자신의 흑백논리가 옳고 유익하다고 믿을 것이다. 마이스터에게 그의 **반응이 부적절**했다고 분명

히 언급하되 모욕감을 느끼거나 상처받았다는 표시를 내지는 말아야 한다. 이것이 경계성 성격 장애 환자에게 가장 도움이 되는 행동이다.

경계성 성격 장애 환자의 흑백논리는 타인을 대하는 태도뿐 아니라 자신을 대하는 태도에서도 나타난다. 아래의 사례를 통해 자세히 설명해보도록 하겠다.

올해 쉰두 살인 여성 루츠는 성격이 왔다 갔다 해서 도무지 종잡을 수가 없다. 따라서 옆에서 그녀를 지켜보는 가족과 친구들은 매우 당혹스럽다. 평소 그녀는 소극적이고 수줍음이 많으며 매사 자기 탓을 한다. 갈등이 발생하거나 직장에서 곤란한 일이 생기면 무조건 자기 탓으로 돌리며 지나치다 싶게 문제를 해결하기 위해 노력한다. 그러다가 어느 순간 갑자기, 주변 사람들이 보기엔 아무 이유가 없는데도 180도 돌변해서 도저히 루츠의 행동이라고 믿기 어려운 짓을 저질러버린다. 자기비판이라고는 모르는 안하무인이 되어버리는 것이다.

이렇게 태도가 왔다 갔다 하니 주변 사람들은 어찌해야 할지 난감하다. 자신과 전혀 관련이 없는 일은 자기 책임이라며 전전긍긍하고 죄책감을 느끼면서, 정작 책임져야 하는 상황에서는 안하무인이 되는 것이다. 하지만 그녀에게 그런 말을 하면 자기가 언제 그랬냐고 화를 낸다. 자신은 절대 그런 적이 없다고, 그렇게 극단적으로 왔다 갔다 한 적이 없다고 우긴다.

경계성 성격 장애 환자는 타인뿐 아니라 자신에게도 흑백논리를 들이댄다. 루츠의 경우 정반대되는 두 가지 태도가 바로 그 흑과 백이다. 어떤 땐 주변 사람을 무시하며 오만과 자만에 빠지다가 또 어떤 땐 갑자기 자책과 좌절에 빠져 무조건 자기 책임이라고 괴로워한다. 그녀의 이런 태도 역시 마이스터와 마찬가지로 흑백논리의 결과다. 다만 루츠의 경우는 그 흑백이 타인과의 관계가 아니라 자신의 두 가지 측면이라는 점이 다를 뿐이다. 배려와 안하무인이 나란히 자리하고 있다가 번갈아 가면서 성격을 지배하고, 나아가 행동을 지배하는 것이다.

두 사람 모두 흑백논리를 통해 화합할 수 없는 두 가지 행동 방식을 화합하려 애쓴다. 루츠 자신도 어떨 때는 극단적인 배려심을 발휘하다가 또 어떨 때는 극단적인 이기심을 보이는 자신을 참기 힘들 것이므로 각각의 태도가 다 주변 환경 탓에 유발된 '당연한' 행동이라 우기며 자신을 정당화한다. 이런 전략을 쓰지 않으면 자신의 모순된 양면을 어쩔 수 없이 비판적으로 바라보며 고민해야 할 테니 말이다.

흑백논리에서 나온 마이스터의 태도는 직접적으로 인간관계에 부정적인 영향을 미치지만 루츠의 모순된 태도 역시 간접적이긴 해도 비슷한 사회적 갈등을 일으킨다. 루츠가 갑자기 벌컥 화를 내면서 옆 사람을 탓할 경우, 그는 평소 배려심 많은 루츠가 그 정도로 화가 났다면 자신이 무언가 큰 잘못을 저질렀고 그래서 루츠의 '인내심이 한계'에 이른 것이라고 해석해 사과할 것이다. 하지만 이런 식의 돌변이 반복될 경우 아무리 선의를 품은 이웃이라도 참기 힘들 것이고 결국 관계를 단절할 수밖에 없을 것이다.

경계성 성격 장애 환자는 이런 일을 자주 겪는다. 하지만 안타깝게도 이런 경험이 자신의 감정과 행동을 비판적으로 조명해 자제하는 방향으로 나아가지 못한다. 오히려 주변의 반응을 타인에 관한 자신의 부정적인 평가를 입증하는 증거라고 해석해 자신의 (부적절한) 태도를 더욱 정당화한다.

당신이 환자의 가족 혹은 친구라면 이런 상황에서 어떻게 행동해야 할까? 다시금 두 가지 측면을 고려해야 한다. 첫째, 먼저 자신을 보호해야 한다. 둘째, 당연히 어떻게 환자를 도울 수 있을지도 고민해야 한다. 환자 역시 극단적인 감정 변화로 괴로울 것이고, 다른 사람들이 점차 자신에게 등을 돌리는 현실을 언젠가는 깨닫게 될 테니까 말이다.

무엇보다 당신은 환자의 공격으로부터 자신을 지켜야 한다. 마이스터의 사례에서도 설명했듯 환자에게 극단적인 행동 방식의 문제점을 지적하고 그런 행동이 불필요한 사회적 갈등을 불러일으킨다는 사실을 알리려고 노력해야 한다.

하지만 한 번의 대화로 환자가 바로 자신의 문제를 깨달으리라 기대해서는 안 된다. 대화가 어느 정도 성공을 거두려면 당신과 환자 사이에 정서적인 유대 관계가 형성되어 환자가 비판을 받아들일 수 있어야 한다. 또 실제로 환자가 상처받지 않고 생산적인 대화에 임하려면 여러 차례 이런 식으로 대화를 나눌 필요가 있다. 환자를 설득해 전문적인 도움을 받게 하는 것도 '성공적' 결실로 볼 수 있다.

또 한 가지 방법은 환자에게 환자가 보이는 그런 태도가 당신에게 상처가 된다는 사실을 알리는 것이다. 당신의 아픔에 공감해달라는 호소는 환자가 자신이 가진 흑백논리를 자아비판적으로 바라볼 수 있도록 도와줄 것이다. 특히 당신과 환자가 신뢰를 바탕으로 한 긍정적인 관계를 맺고 있을 경우에는 그런 호소가 받아들여질 확률이 더욱 높다.

그러나 건설적인 대화가 도저히 불가능하고, 환자가 계속 당신을 공격 목표로 삼는다면 마지막 수단으로 관계를 끊을 수도 있다. 물론 마음이 무척 아플 것이다. 가족 혹은 친구가 극단적인 반응을 통해 갈등의 수렁 속으로 점점 더 깊이 빠져드는 모습을 손 놓고 지켜볼 수밖에 없다면 정말로 가슴이 아플 것이다. 하지만 당신이 견딜 수 있는 한계를 넘어섰는데도 계속 무리를 해서 스트레스가 쌓이면 결국 환자에게도 해가 된다.

할 수 있는 최선을 다했다면 더는 할 수 없음을 인정하는 것도 용기다. 당신이 아무리 노력해도 환자가 태도를 바꾸지 않는다면, 그것은 적어도 지금은 극단적인 반응을 그만둘 마음과 능력이 그에게 없다는 증거다. 그런 상태에서 당신이 포기하지 않고 계속 태도를 바꾸라고 채근하고 설득한다면 환자에게 스트레스가 되어 역효과만 날 것이다.

물론 관계를 완전히 단절하라는 말은 아니다. 의절해야만 당신을 보호할 수 있는 것도 아니다. 말만 꺼내면 갈등이 불거지는 특정 주제를 더 이상 입에 올리지 않는다면 관계가 어느 정도 진정될 것이다. 그 주제는 거론하지 말자는 당신의 제안을 상대가 무시한다면, 당신만이라도 철저하게 원칙을 지켜야 한다. 상대가 끝내 말을 듣지 않으면 당신이 먼저 대화를 중단해버려야 한다. 필요하다면 당신이 먼저 그 자리를 떠날 수도 있다.

이런 상황에서는 환자가 당신이 정한 '게임의 규칙'을 따르든가 아니면 관계를 끝내든가 둘 중 하나를 선택해야 한다. 어쨌거나 당신이 먼저 '게임의 규칙'을 정하고 그 규칙을 철저히 지켜야 한다. 상대가 규칙을 지키지 않는다면 곧바로 관계를 중단해야 한다.

공동 규칙을 정하고 규칙 준수를 고집하는 것이 불편하고 불쾌할 수도 있다. 하지만 경계성 성격 장애 환자를 상대할 때는 이것이 조금이나마 건설적인 관계를 유지하고 스스로 해를 입지 않는 유일한 길이다. 환자에게 주도권을 빼앗겨 반복되는 갈등에 휘말려 들어간다면 결국 상황은 악화일로를 걸을 것이고 두 사람 모두 피해를 보게 될 것이다. 당신이 상황을 주도해 불필요한 갈등을 피하고 관계를 구하는 것이 결국엔 환자에게도 유익한 일이다.

경계성 성격 장애 환자들도 상담 시간에 그런 이야기를 많이 한다. 주변 사람들의 **다정하지만 단호한** 대응이 그들에게 가장 큰 도움이 되었다고 말이다. 단호한 대응에 격렬하게 저항하면서도 속으로는 그들이 그어주는 경계선이 유익하다는 사실을 느낀다고 말이다. 경계성 성격 장애 환자의 치료 방식 역시 그와 비슷하다. 명확한 선을 그어 치료가 가능한 틀을 만들고, 환자 혼자선 할 수 없는 질서 회복을 돕는다. 이와 관련해서는 6장에서 더 상세히 살펴보기로 하자.

○ 불확실한 상황에서는 우리 모두 세상을 '흑'과 '백'으로 나누고, 이를 통해 명확한 질서를 회복하려 노력한다. 하지만 경계성 성격 장애 환자는 그 도가 지나치다.

○ 환자는 '나쁜 것'은 전부 바깥, 즉 다른 사람들과 상황 탓이라고 생각함으로써 마음의 부담을 던다.

○ 모든 일을 남 탓으로 돌린다. 이런 태도는 자기비판 능력을 떨어뜨린다.

○ 그 결과 수많은 사회적 갈등이 생겨날 수 있다는 사실을 환자에게 알려주어야 한다. 환자가 조금이나마 자신의 잘못을 들여다볼 수 있을지도 모르니 말이다.

○ 환자의 마음을 움직여 전문가의 도움을 받게 하는 것도 '성공'이다.

○ 갈등 상황에선 당신이 '게임의 규칙'을 정하고 상대에게 규칙 준수를 요구해야 한다.

○ 당신을 보호하기 위해 (일시적이나마) 관계를 단절할 수도 있다.

3장

잘되면 내 덕, 못되면 남 탓

60대 초반의 남성 뮐러는 주변에 사람이 없다. 진짜 친구는 평생 한 명도 없었고, 그냥 알고 지내는 사람도 그리 많지 않다. 그는 늘 외롭다고 투덜대지만 정작 사람이 찾아오면 그 사람을 붙들고 누구는 인정머리가 없다는 둥, 누구는 이기적이라는 둥 비난을 해댄다. 늘 그렇게 욕을 해대는 것도 문제지만 조금만 갈등이 생겨도 완전히 미친 사람처럼 상대를 공격하고 상대에게 모든 책임을 전가하는 것이 더 큰 문제다.

　　어릴 때부터 그랬다. 싫은 소리는 절대 들으려 하지 않았다. 누가 조금만 듣기 싫은 소리를 하면 난리를 피웠고, 작은 문제만 생기면 반 친구를 탓했다. 누가 그의 잘못을 지적하면 항상 똑같은 반응을 보였다.

"거짓말. 그게 왜 내 책임이야. 난 안 그랬어."

젊은 시절엔 이런 식으로 행동하다가 경찰서에 간 적도 있었다. 어느 날 교통경찰 두 명이 뮐러를 불러 세웠다. 오토바이를 탄 그가 정체로 길게 늘어선 차들을 앞서가려고 우측 추월을 했기 때문이다.[+] 교통법규를 위반했다는 경찰의 말에 그는 화를 내며 자기는 잘못이 없다고 우겼다. 이렇게 차들이 길게 늘어서 있는 상황에선 오른쪽으로 추월해도 괜찮다, 그래야 정체가 빨리 풀린다, 이럴 거면 뭐 하러 2차선은 만들어놨냐, 이런 얼토당토않은 핑계를 늘어놓았다.

경찰이 교통법규를 위반했으므로 벌금을 부과하겠다고 말하자 뮐러는 길길이 날뛰면서 그렇다면 경찰도 법규를 위반한 것이라고 소리쳤다. 경찰도 오른쪽 차선을 따라 자신을 쫓아왔으니 법규 위반이라고 말이다.

"당신들도 위반해놓고 왜 나한테만 벌금을 물려? 뭐, 경찰은 위반해도 된다 이거야? 내 말이 다 맞는데 왜 내가 당신 같은 머저리 말을 들어야 해?"

[+] 독일에선 고속도로뿐 아니라 일반도로에서도 우측 추월이 금지돼 있다.

그는 소리소리 지르며 경찰에게 대들었다. 경찰은 그를 교통법규 위반과 공무집행방해로 고발했다. 하지만 밀러는 여전히 자신은 잘못이 없다고 생각해 벌금 납부를 거부했다. 공무집행방해라니, 어이가 없었다.

"경찰이 먼저 시비를 걸었잖아. 내가 화가 안 나게 생겼느냔 말이야! 머저리? 내가 언제 머저리라고 했는데?"

몇 달 후 결국 법정으로 불려간 밀러는 그곳에서도 여전히 남 탓만 해댔다.

"그 경찰들이 나한테 죄를 뒤집어씌운 겁니다. 전 아무 잘못도 없어요."

하지만 판사는 그의 변명을 들어주지 않았고 더 높은 액수의 벌금형을 내리면서 이번에도 벌금을 내지 않으면 구속될 것이라고 말했다.

밀러는 하는 수 없이 이를 갈며 벌금을 냈다. 그가 납부를 미루는 사이 벌금 액수는 원래 금액보다 몇 배 더 커져 있었다. 하지만 그는 끝까지 자신이 옳다고 고집을 부렸다. 경찰이 잘못 본 것이며, 판사가 법을 잘못 해석한 것이라고 주장했다.

"가재는 게 편이라잖아. 공무원들끼리 편먹고 이렇게 아무 잘못 없는 선량한 시민을 괴롭히다니, 나라 꼴 참 한심하다 한심해."

동료들이 오른쪽으로 추월하면 안 되고, 국가공무원에게 함부로 욕을 해서도 안 된다고 설명했을 때도 뮐러는 역시나 벌컥 화를 냈다.

"이제는 너희들도 다 돌았구나. 마음대로 지껄여봐. 난 잘못하지 않았어. 경찰한테 당한 거지."

모든 책임을 남에게 미루고 현실을 자신에게 유리한 방향으로 해석하는 뮐러의 이런 기질은 나이가 들면서 더욱 심해졌다. 어느 날 한 지인이 그를 집에 초대했다. 그런데 30분이나 늦게 나타난 그는 오히려 지인이 시간을 잘못 알려줘서 늦었다며 화를 냈다. 괜히 좋은 날 큰소리 나는 게 싫었던 지인은 "몇 분" 안 늦었는데 어떠냐며, 왔으니 되었고 이제 즐겁게 식사나 하자고 그를 달랬다.

하지만 이런 선의의 말에도 그는 진정하기는커녕 오히려 지인이 시간을 잘못 가르쳐줘놓고 자신에게 죄를 뒤집어씌운다며 화를 냈다. 그러고도 분이 풀리지 않는지 자리에서 벌떡 일어나 문을 쾅 닫고는 가버렸다.

솔직해져 보자. 우리 모두 나쁜 일은 전부 남의 탓이라고 생각하지 않는가? 갈등이나 문제는 전부 내가 아니라 상대의 탓이다. 사고를 쳤거나 친구와 싸운 아이를 야단치면 십중팔구 이렇게 외친다.

"내가 안 그랬어요. 쟤들이 그랬어요!"

"친구가 먼저 시작했어요. 내 잘못이 아니에요."

아이만 그런 게 아니다. 어른도 마찬가지다. 세계 각국의 정치 지도자들 역시 다르지 않다. 갈등만 생기면 다 남의 나라 탓이다. 그러니 어찌 보면 이런 행동은 인간이라면 누구나 갖고 태어나는 방어 전략인지도 모른다. 누군가와 갈등이 발생해서 나의 책임이 어느 정도 되는지 고민해야 하는 상황이 오면 누구나 망설임 없이 꺼내 쓰는 본능의 카

드 말이다.

하지만 대부분의 사람은 자기비판적 고민을 통해 갈등의 책임이 상대에게만 있지 않고 자신에게도 있다는 사실을, 상황에 따라선 자신의 몫이 더 크다는 사실을 인지한다. 설사 스스로 인지하지 못한다 해도 갈등 상대나 제삼자와 대화를 나누다 보면 언젠가는 갈등에 일조한 자신의 몫을 깨달을 수 있다.

억지로 책임을 인정하는 것이 마뜩잖을 수도 있지만 궁극적으로는 긍정적인 결과를 낳는다. 자신의 책임을 인식함으로써 자신이 쏟아낸 비판이나 공격적인 언행에 피해를 입은 상대의 마음에 공감하고, 앞으로 비슷한 상황이 일어나더라도 타인에게 부정적인 방식으로 행동하지 말라고 경고하는 자아비판 능력을 기를 수 있을 테니 말이다. 자아비판 능력은 결국 건설적인 인간관계 형성의 기틀이다.

그런데 경계성 성격 장애 환자에겐 이런 능력이 없다. 자아비판 면에서는 어린아이 수준에 머물러 있다고 말할 수 있다. 갈등이 발생할 때마다 '친구 탓'만 하는 어린아이처럼 경계성 성격 장애 환자 역시 누가 자신을 손톱만큼이라도 비난할 경우 거의 반사적으로 자기 책임이 아니라고 도리질한다.

이런 행동은 당연히 인간관계에서 문제를 일으킨다. 갈등이 생길 때마다 곧바로 상대를 가리키며 일방적으로 죄를 뒤집어씌우는 사람을 과연 누가 좋아하겠는가. 가족이나 친구라 해도 예외일 수 없다. 환자는 갈등 상황이 발생할 때마다 현실에 맞지 않는 책임 전가를 해댈 것이고, 그런 행동은 문제를 해결은커녕 더 키우기만 할 것이다.

뮐러의 사례는 이러한 경계성 성격 장애 환자의 특징을 아주 잘 보여준다. 뮐러의 행동이 당황스러운 것은 그의 현실 인식이 완전히 거꾸로이기 때문이다. 그의 설명대로라면 그는 교통법규를 위반한 적이 없고, 애먼 사람을 붙든 경찰과 부당한 판결을 내린 판사에 의해 누명을 쓴 희생양이다.

두 번째 상황에서도 뮐러는 자기가 늦었다는 사실을 절대 인정하지 않는다. 자신은 정확한 시간에 도착했고, 상대가 시간을 잘못 가르쳐준 것이다. 뮐러 같은 사람은 약속 시간을 잘못 들었다거나 깜빡 까먹었다고 말하며 자신의 잘못을 인정하지 않는다. 밀러의 지인처럼 확실하게 잘못을 지적하지 않아도, 뭔가 자신을 탓하는 분위기가 느껴지면 극도로 공격적인 방식으로 다른 사람(경찰과 지인)에게 책임을 전가한다.

나는 밀러의 사례를 들면서 그것이 어릴 때부터 나타난 행동이라고 설명했다. 그 점은 1장에서도 말했듯 성격 장애의 전형적인 특징이다. 환자의 증상은 아동기나 청소년기에 시작되어 시간이 지나며 점점 굳어진다. 밀러가 고립된 삶을 사는 것도 놀랄 일은 아니다. 어떤 사람이 그런 식의 대우를 받고도 오래 참을 수 있겠는가? 경찰을 붙들고 따지고 법정에서 소란을 피워봤자 좋을 일이 없다는 건 누가 봐도 뻔하다. 밀러도 괜히 고집을 피우다가 벌금만 더 많이 내게 되었다.

그래서 밀러 같은 사람을 보면 경계성 성격 장애 환자는 자아비판이란 걸 아예 모르는 것인지 궁금증이 생긴다. 자신이 틀릴 수도 있으니 무조건 남 탓을 해서는 안 된다고 일러주는 양심이란 것이 아예 없는 것일까? 밀러의 행동을 보면 정말 이들에게는 자기 성찰을 돕는 도덕심이란 것이 없는 것 같다.

하지만 뮐러에게 양심이 없다는 생각은 옳지 않다. 가만히 오래 관찰해보면 경계성 성격 장애 환자는 오히려 마음이 너무 여려서 내내 죄책감을 느낀다. 그런 상태를 견디기가 너무 힘들기 때문에 무의식적으로 방어기제를 개발해 조금만 갈등이 생겨도 남에게 책임을 미루고, 그 방법으로 양심의 가책을 더는 (덜 수 있기를 바라는) 것이다.

그들이 외부와 벌이는 싸움은 내면에 웅크린 거대한 자기비판과 자책을 떨쳐버리려는 애달픈 몸부림이다. 물론 그 싸움은 애당초 이길 가망이 없다. 남들을 공격하며 자신의 책임을 부인해봤자 자책이 입을 다물기는커녕 오히려 더 거세게 자신을 공격한다. 그 결과 그는 다시 자신의 책임을 부인하기 위해 애쓸 것이고, 그런 행동은 자책을 더한다.

이런 그를 옆에서 지켜보는 가족이나 친구는 어떤 문제를 겪게 될까? 뮐러의 사례에서 보았듯 당신은 아무 잘못도 없이 공격당하고 야단맞고 심지어 모욕을 당한다. 그런 상황에서도 뮐러의 지인처럼 침착하게 대처할 수 있는 사람은 많지 않다. 또 설사 침착하게 대응한다 해도 환자는 진정되지 않는다. 경계성 성격 장애 환자는 (쉬지 않고 야단치는 자신의 양심 때문에) 눈곱만큼이라도 자신을 탓하는 기운이 감지되면 바로 격하게 화를 내고 거부 반응을 보인다.

물론 한동안은 잘잘못을 따지지 말자며 환자를 달랠 수 있을 것이다. 조금 더 양보하여 당신이 잘못했다고 인정하고 사과하며 환자를 진정시킬 수 있다. 하지만 언제까지나 그런 식으로 살 수는 없다. 결국 갈등은 터지게 되어 있다.

그 이유는 첫째, 뮐러 같은 사람은 잘잘못을 따지지 말자는 말에 절대 수긍하지 않는다. 뮐러는 '몇 분 늦은 것 가지고 뭘 그러냐'며 사태를 무마하려는 지인의 노력을 비난으로 해석해 몹시 공격적인 반응을 보였다. 아무 잘못도 없는 당신이 죄를 뒤집어쓴다고 해도 달라질 것은 없다. 환자는 당신에게 책임을 미루어 만족할 것이고, 상황에 따라선 당신이 '늘' 문제라며 비난을 퍼부을 것이다. 하지만 결국 환자도 그것이 사실이 아님을 잘 안다. 더구나 그런 당신의 태도는 현실을 자기 유리한 대로 해석하는 환자의 성향을 더욱 부추길 위험이 있다.

당신이 갈등을 싫어하는 사람이라서 상대를 자극하지

않으려고 아무리 노력한다 해도 결국엔 더는 못 해 먹겠다고 포기하는 순간이 오고야 말 것이다. 과연 누가 평생 하고 싶은 말을 꾹 참으며 아무 말 없이 상대의 비난을 인내할 수 있겠는가. '더는 못 해 먹겠어. 참는 것도 하루 이틀이지.' 당신은 이렇게 생각할 것이고 환자와 대판 싸우거나 연을 끊고 두 번 다시 보지 말자고 결심할 것이다.

뮐러 같은 사람이 당신 회사의 직원이거나 당신 팀의 부하 직원이라고 상상해보라. 그가 아무리 일을 잘한다 해도 인간이기 때문에 실수하거나 잘못을 저지를 수 있다. 그런데 잘못을 지적할 때마다 화를 내며 자기는 아무 잘못이 없다고 우긴다면 과연 그를 직원으로 두고 싶을까. 또 이런 사람들은 자기 잘못이 아니라고 우기는 것으로 그치지 않고 동료한테 책임을 떠넘긴다. 당연히 팀 혹은 회사 분위기가 좋을 리 없다. 개인의 문제가 아니라 회사 전체, 팀 전체가 갈등에 휩싸일 것이므로 사장이나 팀장으로서 용인할 수 없고, 용인해서도 안 되는 일이다.

결국 사장 입장에선 뮐러 같은 직원은 해고할 수밖에 없다. 하지만 그 과정 또한 순탄치 않을 것이다. 경계성 성격 장애 환자는 자신을 더러운 세상의 제물이라고 생각하기 때문에 해고당하는 상황 역시 자신의 생각이 옳았음을 입증하는 증거라고 볼 것이다. 따라서 온갖 수단을 총동원해 저항할 것이고 상황에 따라서는 큰 소란을 피우며 '권리' 투쟁에 나설 것이다.

뮐러가 경찰의 경고와 법원의 결정에 대응한 방식은 심각한 갈등을 일으켰고, 결국 그 결과는 자신의 손해로 돌아갔다. 하지만 설사 손해 보는 한이 있어도 그들은 계속해서 자신이 옳다고 주장한다. 개인적인 관계는 물론이고 직장에서도 그들은 항상 그렇게 일방적으로 옳고 그름을 판단하고, 자신의 시각에서 한 발자국도 물러서려 하지 않는다.

그리고 이로 인해 역할이 완전히 뒤집힌다. 경계성 성격 장애 환자의 공격에 피해를 입은 당신은 순식간에 **공격자**로 낙인찍히고 공격한 환자는 오히려 자신을 **피해자**라고 호소한다. 하루 이틀도 아니고 몇 년씩 그런 터무니없는 비난을 듣다 보면 결국 당신도 화가 나고 분노하게 될 것이다.

하지만 환자의 공격에 무력감과 **불안**으로 대응하는 사람도 있다. 아래의 사례에서처럼 말이다.

20대 중반의 여성 슈미츠는 남 탓의 여왕이다. 나쁜 짓은 전부 남들이 했고 자신은 늘 인정머리 없는 세상의 피해자다. 타고난 머리가 좋음에도 그녀는 실업학교를 겨우 졸업했다. 성적이 나빠서 두 번이나 낙제를 했는데, 그때부터 누가 조금만 비난하는 기색을 보이면 바로 난리를 치며 자신을 방어하고 역공에 나섰다.

그녀는 교장 선생님께 불려가서 퇴학시키겠다는 경고도 받았다. 성적이 안 좋게 나올 때마다 담당 선생님한테 달려가 "부당하다"고 항의하고 소란을 피웠기 때문이다. 항의란 것도 이런 식이었다.

"왜 저만 미워하시는 거죠? 저한테 이러시면 안 돼요. 저만 성적 안 좋게 주시잖아요. 가만히 안 있을 거예요."

그러고는 매번 교무실 문을 쾅 닫고 나가버렸다.

학교를 졸업한 뒤 미용실에서 스태프로 일할 때도 당연히 문제가 많았다. 미용사나 동료 스태프가 조금만 지적해도 길길이 날뛰며 화를 냈다. 결국 미용실 사장은 얼마 못 참고 그녀를 해고하고 말았다.

친구들에게 하는 행동도 크게 다르지 않다 보니 학교 다 닐 때부터 그녀는 친구가 없었다. 처음엔 멋모르고 친하게 지내던 아이들도 결국 고개를 저으며 항복하고 말았다.

"무슨 말을 할 수가 있어야 말이지. 아무것도 아닌 일에 저렇게 화를 내니. 무슨 말만 하면 무조건 나더러 잘못했다 고 하고."

미용실에서 잘리고 집에서 놀던 그녀는 어느 날 클럽에 갔다가 한 남자를 만났다. 그녀를 보고 첫눈에 반한 남자가 먼저 그녀에게 사귀자고 했고, 그녀도 싫지 않아서 고백에 응했다. 처음에는 그녀가 행동을 조심했기 때문에 별문제가 없었지만 그것도 오래가지는 못했다. 몇 주 후 그가 그녀에 게 다른 미용실에 이력서를 넣어보는 게 어떻겠냐고 한마디 했다가 큰 소동이 벌어진 것이다. 그녀는 얼굴이 시뻘게져서 남자 친구에게 이렇게 쏘아붙였다.

"입 닥치고 네 일이나 잘해. 내 일은 내가 알아서 할 거 니까. 그런 멍청한 년들한테 또다시 착취를 당하느니 굶어 죽고 말지."

남자 친구는 깜짝 놀랐다. 그런 반응이 나오리라고는 전혀 예상치 못했기 때문이다. 하지만 여자 친구와 이성적으로 대화가 가능하다고 생각한 그는 그냥 용기를 북돋아 주고 싶었을 뿐이라며 그녀를 달랬다.

"널 비난하는 게 아니야. 돕고 싶어서 그래."

하지만 이 위로의 말이 오히려 더 화를 돋우었다. 그녀는 벌떡 일어나 카페를 나가버렸다. 혼자 남겨진 남자 친구는 정말로 당황스러웠고, 어찌할 바를 몰라 한참을 멍하니 앉아 있었다.

그날 여자 친구가 기분 나쁜 일이 있어서 그랬을 것이라고 추측한 그는 문자를 보내 사과하고 만나서 오해를 풀자고 부탁했다. 왜 화가 났는지 모르겠지만 화내지 말고 만나서 이야기하자고.

하지만 슈미츠는 답장을 보내지 않았고, 남자 친구가 몇 번이나 전화를 걸어도 받지 않았다. 며칠 후 두 사람은 우연히 클럽에서 다시 만났다. 남자 친구는 너무 기뻐서 슈미츠에게 달려갔고, 이제 그만 용서해달라고 애걸했다. 그는 여전히 그녀가 너무 좋고 "그런 별것 아닌 말다툼" 때문에 헤어지는 건 너무 우습다고 말했다. 하지만 '별것 아닌 말다툼'

이라는 말에 슈미츠는 다시 남자 친구를 무섭게 쩨려보았고, 남자 친구는 얼른 다른 주제로 말을 돌렸다.

그래도 이번에는 무사히 위기를 넘긴 것 같았다. 슈미츠와 남자 친구는 다시 만났다. 하지만 얼마 못 가 두 사람은 여행 계획 때문에 다시 충돌하고 말았다. 슈미츠는 벌써 몇 번이나 오스트리아로 스키를 타러 가고 싶다고 말했다. 남자 친구는 그게 뭐가 어렵냐며 스키 여행 상품을 검색했다. 그리고 두 사람은 슈미츠가 꼭 가보고 싶다는 아를베르크 세인트 안톤으로 떠나기로 결정했다. 사실 남자 친구는 프랑스 알프스로 가고 싶었지만 슈미츠가 자기는 프랑스 말을 못 해서 싫다고 반대했다.

남자 친구가 여행 상품과 호텔 예약을 마쳤다. 휴가를 가기 2주 전 남자 친구는 회사 동료가 프랑스 알프스에 다녀왔는데 진짜 좋았다고 하더라는 말을 전했다. 우리도 내년에는 그곳으로 가면 좋겠다는 말도 곁들였다. 그러자 갑자기 슈미츠가 벌컥 화를 내며 왜 세인트 안톤으로 예약을 했냐고 물었다. 자신은 거기 가기 싫었고 프랑스 알프스로 가고 싶었다고 말이다. 그러면서 풀 죽은 목소리로 이렇게 한탄했다.

"하긴 내가 무슨 힘이 있겠어. 자기는 다 자기 하고 싶은 대로만 하잖아."

황당해진 남자 친구는 자기가 꼭 세인트 안톤으로 가고 싶다고 하지 않았냐고 항의했다. 자신은 프랑스 알프스로 가고 싶었지만 그녀가 원하는 대로 따라준 것이라고 말했다. 슈미츠는 남자 친구의 말에 벌컥 화를 냈다.

"무슨 말도 안 되는 소리야. 왜 맨날 내 탓을 해? 예약은 자기가 해놓고 왜 나한테 책임을 씌워. 자기가 언제 나한테 물어본 적 있어? 다 자기 마음대로 해놓고선."

싸움은 격해졌다. 지난 몇 달 동안 비슷한 일을 여러 번 겪은 후라 남자 친구도 화가 났다. 슈미츠는 항상 그에게 책임을 뒤집어씌웠다. 이제 그도 당하고만 있을 수는 없었다. 그는 언제 자기가 세인트 안톤으로 가자고 했느냐며 따졌다.

슈미츠는 길길이 날뛰다가 가버렸고 곧바로 남자 친구에게 문자를 보냈다. 가고 싶거든 너 혼자 가라. 난 안 갈 것이다. 이제 두 번 다시 연락하지 말아라! 더는 못 참겠다. 이런 내용이었다. 그날로 두 사람은 헤어졌다.

가정이건 직장이건, 경계성 성격 장애 환자와 더불어 사는 사람들에겐 일상과도 같은 상황이다. 슈미츠의 반 친구들, 미용실 사장, 남자 친구의 반응이 그러했듯 남 탓만 해대는 이들의 행동은 결국 자기 자신에게 치명적인 결과를 가져온다. 조금 빠르거나 늦다는 차이만 있을 뿐 결국엔 모두 두 손 들고 항복하고 환자와의 관계를 끊게 될 테니 말이다. 그 시기가 언제인지, 그 사람이 어떤 기분일지는 사회적 상황과 관계의 긴밀함에 달려 있다.

슈미츠를 잠깐 고용했던 미용실 사장의 경우 일을 잘하는지 못하는지만 따졌을 뿐이므로 해고 통지를 하는 데 별 어려움이 없었을 것이다. 슈미츠가 화를 낼 때마다 스트레스를 받기는 했겠지만 개인적인 관계를 맺은 적이 없으므로 크게 상심하지 않고 관계를 단절할 수 있었다.

같은 반 친구들의 경우는 조금 더 힘들었을 것이다. 그중에는 몇 년씩 같은 교실에서 공부한 친구도 있었을 테고, 따라서 미용실 사장보다는 정서적으로 훨씬 더 그녀와 가깝다고 느꼈을 것이다. 하지만 그녀와 이성적인 대화가 불가능하며 그녀가 매사 남 탓만 한다는 사실을 깨닫고 나선

점차 그녀에게서 멀어졌다.

가장 큰 피해를 입은 사람은 남자 친구다. 그는 그녀와 친밀한 정서적 관계를 맺었기 때문에 늘 그를 탓하는 그녀의 행동에 큰 상처를 받았다. 가령 다른 미용실에 이력서를 넣어보라는 그의 말에 슈미츠가 화를 냈을 때도 그는 그녀를 진정시키려 노력했고, 그녀가 전화도 안 받고 문자에 답도 안 했을 때도 계속해서 연락을 취하며 관계를 회복하려고 노력했다. 하지만 이 사례에서 알 수 있듯 매사에 남 탓만 하는 환자와 평화롭게 사는 것은 불가능하다.

특히 당신은 환자와 밀접한 관계에 있는 가족이나 친구이기에 미용실 사장처럼 객관적이고 냉담하게 반응할 수 없다. 또 같은 반 친구들처럼 돌아서면 금방 잊어버릴 수 있는 관계도 아니다.

아마 당신은 슈미츠의 남자 친구와 비슷한 단계를 거치게 될 것이다. 처음에는 환자를 진정시키려 애쓸 것이고 최대한 충돌을 피할 것이며 환자가 비난을 퍼부어도 못 들은 척할 것이다. 하지만 결국엔 '질려서' 항복하고 말 것이고 너무 화가 나고 상처를 받아서 더는 말도 안 되는 비난을 들어주지 못할 것이다.

이런 순간이 되어도 여전히 환자는 당신에게 부당한 비난을 쏟아낼 것이다. 자기는 항상 피해자요 상대는 가해자이기에, 당신을 인정머리 없는 인간이라고 욕할 것이다.

이 단계에 이르러서도 관계를 끊지 못하면 대부분의 경우 환자가 먼저 연을 끊자고 선언하며 당신을 비난할 것이다. 당신이 항상 피해자인 양하며 자신을 나무란다고 말이다. 상황에 따라서는 그런 말을 들으면 갑자기 죄책감이 밀려올 수도 있다. 환자를 조금 더 푸근하게 품어주거나 다정하게 대해주지 못해 미안하다는 생각이 드는 것이다.

하지만 이런 태도는 문제를 더할 뿐이다. 환자는 양심의 가책을 덜기 위해 남 탓을 하는 수준에서 그치지 않고 한 걸음 더 나아가 죄책감을 조장한다. 말 그대로 양심의 가책을 남에게 전가하여 죄책감을 덜겠다는 전략이다. 졸지에 당신은 아무 잘못도 없이 문제를 떠안게 되고 아무 이유도 없이 죄책감에 시달려야 한다.

이런 상황에선 정신을 바짝 차리고 상황을 정확히 판단할 필요가 있다. 현실을 왜곡하고 가해자와 피해자를 뒤바

꾼 사람은 당신이 아니라 환자다. 어쩌면 당신은 이미 환자 앞에서 고양이 앞의 쥐가 되었을지도 모른다. 그래서 당신을 대하는 환자의 태도에 사디즘의 그늘이 드리워졌을지도 모른다. 정서적으로 매우 부담스러운 그런 상황에서는 무엇보다 현실을 똑바로 인식하고 당신이 느끼는 죄책감은 아무런 근거가 없다는 사실을 명심해야 한다. 그래야 당신의 몸과 마음이 병들지 않고 나 자신과 환자를 지킬 수 있다.

물론 말처럼 쉬운 일은 아니다. 경계성 성격 장애 환자는 자기에게 유리한 쪽으로 현실을 뒤틀고 왜곡하는 데 달인이다. 심할 경우 당신은 자신의 생각이 옳은지 의심하게 되고 결국 환자가 떠안긴 양심의 가책에 치여 신음하게 된다. 앞서 설명했듯 그런 상황에선 제삼자에게 사정을 설명하고 객관적인 판단을 부탁하는 것이 좋다.

필요하다면 전문가에게 도움을 요청해야 한다. 특히 환자가 당신에게 매우 중요한 사람이어서 환자의 행동이 너무 큰 고통을 줄 경우엔 반드시 전문가에게 상담을 받는 것이 좋다.

○ 인간이라면 누구나 남 탓을 한다. 다만 경계성 성격 장애 환자는 그 정도가 너무 지나치다.

○ 이런 태도를 보이는 이유는 양심이 없어서가 아니다. 경계성 성격 장애 환자들은 가책을 덜기 위해 죄를 남에게 뒤집어씌우는 것이다.

○ 가족이라고 해서 예외는 아니다. 환자는 가족이나 친구에게도 책임을 전가한다.

○ 당신이 피해자인데도 오히려 가해자로 몰릴 때가 있다.

○ 그런 환자의 행동 앞에서 당신은 화를 내거나 분노할 수 있지만 무력감과 불안을 느낄 수도 있다.

○ 경계성 성격 장애 환자는 갈등 상황에 놓이면 양심의 가책을 가족이나 친구에게 떠넘긴다.

○ 그런 상황에서는 현실을 똑바로 볼 필요가 있다. 당신이 아니라 환자가 잘못했다는 사실을 직시해야 한다.

○ 제삼자에게 도움을 청하는 것도 좋은 방법이다. 필요하다면 전문가에게 도움을 청하라.

4장

그 사람이 그럴 리가 없어

마흔다섯 살의 남성 바움은 대기업 연구팀 팀장으로 평소 말이 없고 차분한 데다 누구에게나 깍듯하다. 아침마다 회사 건물에 들어서면 경비원들에게 일일이 인사를 건네고, 환경미화원 아주머니께도 다정하게 안부를 묻는다. 팀 내에 문제가 생기면 팀원 모두가 만족할 수 있도록 성심껏 해결 방안을 모색한다. 그래서 일로 그를 만난 모든 사람이 입을 모아 그의 품행을 칭찬한다.

　　그런데 얼마 전 도저히 이해할 수 없는 희한한 일이 일어났다. 심지어 이 소식을 전해 들은 한 부하 직원은 그의 얘기가 아닐 거라고 장담할 정도였다. 바움은 절대 '그런' 행동을 할 리 없다고 말이다.

바움의 비서는 스물다섯 살의 여성 마이너인데, 바움은 가끔 그녀의 책상 위에 꽃다발을 살짝 두고 가곤 했다. 마이너는 그것이 부하 직원을 아끼는 상사의 호의라고 해석했을 뿐 단 한 번도 그가 자신을 여자로 본다고 생각한 적은 없었다. 그런데 마이너가 남은 일을 처리하느라 퇴근을 미룬 어느 날 저녁 바움이 눈에 띄게 불안한 표정으로 다가와 자신과 저녁을 먹겠느냐고 물었다. 마이너는 말씀은 감사하지만 남자 친구와 저녁 약속을 했으며 이제 곧 남자 친구가 데리러 올 것이라고 대답했다. 바움은 남자 친구라는 말을 듣자 움찔하더니 지금이라도 약속을 취소하고 자기랑 저녁을 먹으면 안 되느냐고 다시 물었다.

의외의 반응에 마이너는 좀 놀랐지만 최대한 예의를 갖추어 상사와 개인적으로 만나는 것은 피하고 싶다고 말했다. 그러자 다정하기만 하던 바움의 표정이 갑자기 돌변했다. 그가 벌컥 화를 내며 상사가 관심을 보이면 감사하게 받아들일 일이지 감히 거절을 하느냐며 길길이 날뛰었다.

"니깟 것이 감히 내 청을 거절해? 니 주제에 어디서 이래라저래라야?"

마이너는 귀를 의심했다. 바움이 그런 반응을 보일 줄은 꿈에도 생각지 못했다. 충격으로 잠시 정신이 혼미해졌지만 그녀는 마음을 다잡고 다시 한번 공손하게 그런 식의 표현은 좀 지나치니 자제해달라고 부탁했다. 하지만 바움은 진정은 커녕 더 길길이 날뛰었다. 분노로 얼굴을 일그러뜨린 채 그녀에게 고함을 질렀고 차마 입에 담지 못할 상스러운 욕을 퍼부었다. 나중에는 거의 협박하다시피 해서 겁에 질린 마이너는 미친 듯 도망쳐 사무실을 빠져나왔다.

다음 날 아침 그녀는 결근을 하고 사내 감사팀에 전화를 걸어 이 사건을 알렸다. 감사팀장은 듣고도 믿을 수가 없었다. 비서가 괜한 일로 호들갑을 떠는 것 아닌가 의심했다.

"그 사람이 그럴 리가 없어."

그렇게 생각한 감사팀장은 사태를 파악하기 위해 바움에게 면담을 요청했다. 바움은 평소와 다름없이 약간 머뭇거리며 공손하게 질문에 대답했고, 자신은 절대 그런 짓을 하지 않았다고 주장했다. 왜 비서가 그에게 그런 누명을 씌웠는지 도무지 알 수가 없다고 말했다.

하지만 면담이 길어질수록 바움의 반응은 신경질적으로

변했다. 사태를 정확히 파악하기 위해 삼자대면을 하자는 감사팀장의 말에 결국 바움은 벌떡 일어나 자신을 성추행범 취급하다니 절대 묵과하지 않겠다며 고함을 질렀다.

"이 회사 나 없으면 안 돌아가. 당신이 뭔데 나한테 이래라저래라 하는 거야. 두고 봐. 앞으로 상당히 고달파질 테니까."

비서의 전화를 받고도 감사팀장은 설마 바움이 그런 짓을 했겠냐고 의심했다. 그런데 막상 같은 일을 당하고 보니 비서의 말이 호들갑이 아니었다는 사실을 깨달았다. 감사팀장이 미처 대답하기도 전에 바움은 큰 소리로 욕을 퍼부으며 문을 쾅 닫고 나가버렸다.

감사팀장은 그날 일을 아무한테도 말하지 않았지만 회사에는 벌써 소문이 파다했다. 하지만 바움을 아는 사람은 모두 한결같은 반응을 보였다.

"그 사람이? 말도 안 돼. 그럴 리가 없어."

경계성 성격 장애 환자의 주요 특징 중 하나는 극단적인 열등감과 오만한 행동을 오가는 변덕이다. 보통 사람들은 성격이 한결같아서 수줍고 앞에 나서기 싫어하는 성격이라면 어딜 가나 조용하고, 남들 앞에 나서기 좋아하고 자신감이 넘치는 성격이라면 어딜 가나 당당하게 자신을 드러낸다. 평소에 구석에서 조용히 있던 사람이 갑자기 벌떡 일어나 사회를 보겠다고 나서면 다들 눈이 휘둥그레져서 그를 쳐다볼 것이다. 그런데 바로 이런 극단적인 변화가 경계성 성격 장애 환자에게서는 자주 나타난다.

"그 사람이 그럴 리가 없어."

경계성 성격 장애 환자의 가족과 친구들이라면 누구나 한 번쯤 뱉었던 말일 것이다. 도저히 한 사람의 것이라고는 믿기 어려운 극단적인 성격을 맞닥뜨리게 될 테니 말이다. 예의 바르고 소극적인 행동과 뻔뻔하고 거만한 행동이한 사람에게서 나타난다. 겉보기에는 너무나 다를지 몰라도 결국 두 가지 행동은 밀접한 관련이 있다. 1장에서 설명했듯 경계성 성격 장애 환자는 자존감이 매우 낮다. 그래서자신을 믿을 수가 없고 혹시 실수나 잘못을 저질러 사람들에게 멸시당하면 어떻게 하나 몹시 걱정한다.

그 원인은 어린 시절에 있다. 어릴 때 보호자에게 존중도, 조건 없는 사랑도 받지 못했기 때문이다. 폭력을 당하거나 사회적·정서적 학대, 방임의 피해자인 경우도 많다.그로 인해 부정적 자아상이 형성되고, 자신은 물론 가까운사람들을 믿지 못하기 때문에 확신이 없다.

물론 바움처럼 직장에서 또는 주변 사람들에게 인정을받고 성공 가도를 달릴 수는 있다. 하지만 마음 깊은 곳에선 자기 의혹의 목소리가 '넌 무능하고 인기가 없다'고 쉬지 않고 속삭인다. 따라서 자신감을 얻고 자신을 갉아먹는열등감을 막기 위해 자신에게 너무 과도해서 결국 이루지못할 요구를 하고, 지나치게 예의를 차려 인기를 얻고 열등감을 보상하려 한다.

하지만 자신이 어찌할 수 없는 상황, 즉 무력감이 느껴지는 상황이 되면 발작적으로 반응하는 것 또한 이런 열등감의 표현이다. 이런 행동은 힘세고 폭력적인 어른에게 속수무책으로 당할 수밖에 없었던 어린 시절의 경험이 만든 결과물이다. 그래서 나중에 어른이 된 뒤에도 그런 식의 무력감이 들면 똑같이 공격적인 폭발이 일어난다. 일종의 정면 돌파 전략인 셈이다. 분노나 공격적인 행동으로 무력한 상황을 탈출하는 정면 돌파 말이다. 그럼 더는 어린아이였을 때와 같은 무력한 피해자가 아니라 자신이 상황을 제어하는 듯한 느낌이 들기 때문에 자존감이 되살아난다.

하지만 비극적이게도 이런 조치로는 절대 그들이 중요하게 생각하는 자존감 문제를 해결할 수 없다. 자존감이 상했다고 느껴지는 상황에서 (바움이 비서에게 거절당했을 때처럼) 이들의 분노와 증오는 자신을 멸시했다고 생각하는 사람에게로 향한다. 하지만 진짜로 분노하고 싸워야 할 대상은 주변 사람이 아니라 환자의 내면에서 속삭이는 목소리다. 그러니 결국 그의 분노는 아무 문제도 해결할 수 없고, 오히려 새로운 문제를 추가할 뿐이다.

경계성 성격 장애 환자는 아무것도 아닌 일에도 쉽게 실망하기 때문에, 주변의 가족이나 친구는 잘못도 없이 환자의 화풀이 대상이 되기 쉽다. 환자가 자존감이 상했다고 느끼는 순간 바로 미친 듯이 화를 내고 공격을 해댈 테니 말이다.

바움의 사례에서도 알 수 있듯 꼭 심각한 모욕일 필요는 없다. 경계성 성격 장애 환자들은 그저 자신의 제안에 열광적인 반응을 보이지 않았다는 이유로, 혹은 약간 머뭇거리거나 살짝 반대했다는 이유로, 심지어 마음에 드는 반응을 보이지 않았다는 이유로 심각한 모욕감에 휩싸여 과도한 반응을 보인다. 상대에게 상처가 될 만한, 상대를 깔아뭉개는 말도 서슴지 않는다.

환자 주변 사람들이 당혹스러운 이유는 환자가 완전히 정반대되는 두 개의 얼굴을 가지고 있기 때문만은 아니다. 언제 터질지 모르는 화산 위에 서 있는 기분도 너무나 고단하고 불편하다. 무슨 말을 해도, 무슨 행동을 해도 환자의 심기를 건드릴 수 있다. 조심 또 조심하고 환자의 말이라면 무조건 오냐오냐해도 무슨 트집을 잡으며 길길이 날뛸지 모르니 그저 불안하기만 하다.

이런 전전긍긍의 상태가 오래 지속되면 가족에게 극도의 스트레스로 작용한다. 환자가 미친 듯 화를 내다가도 언제 그랬냐는 듯 얌전하고 사랑스러운 모습으로 돌아가 버리니까 어떨 땐 자신이 제정신인가, 정말 그런 일이 있었나 의구심이 들기도 한다. 그렇지만 또 한편으로는 생각 없는 말이나 행동으로 환자에게 큰 상처를 준 것 같아 무척 가슴이 아프다. 정말이지 괴롭고 고단한 상황이 아닐 수 없다. 환자가 가족에게 책임을 전가하며 오히려 자신이 피해자라고 우기는 것에서 끝나지 않고, 가족 스스로 자신을 가해자 취급하며 근거 없는 죄책감으로 괴로워하는 것이다.

이런 난감한 상황을 어떻게 타개할 수 있을까? 해답은 의외로 간단하다. 감정적으로 환자와 거리를 두면 된다. 직장 상사와 부하 직원처럼 개인적인 관계를 맺은 게 아니라면 애당초 어려운 일이 아닐 것이다. 갑자기 당신을 향해 공격이 날아들면 당황스럽고 화도 나고 모욕감도 느끼겠지만 환자가 딸이나 남편인 경우보다는 훨씬 더 수월하게 거리를 둘 수 있다.

환자와 가깝고 친밀한 사이여서 그가 당신에게 정서적으로 중요한 인물일수록 거리를 두며 당신 자신을 보호하기가 어렵다.

특히 당신이 환자에게 의존하는 상태라면 고민은 더 깊어진다. 가령 당신이 아직 경제적으로 자립하지 못한 상태로 경계성 성격 장애 환자인 어머니나 아버지의 경제적·정서적 지원을 받는 처지거나 환자인 아내 혹은 남편과 같이 사는 경우 당신은 정말이지 '고양이 앞의 쥐'나 다름이 없다. 환자는 당신을 제멋대로 흔들어댈 것이고 가차 없이 권력을 휘두를 것이다. 하지만 당신은 환자에게 의존하는 상태라 마음껏 방어할 수도 없을 것이다.

경계성 성격 장애 환자는 또 자신의 가치를 높이기 위해 상대를 깔아뭉개는 짓을 많이 한다. 불안과 고통스러운 열등감을 보상하기 위해 다른 사람을 짓누르려 하고 자신이 얼마나 힘이 센 사람이고 상대가 얼마나 하찮은 인간인지를 자랑스럽게 떠들어댄다. 바움도 비서에게 "니깟 것이 감히 내 청을 거절해? 니 주제에 어디서 이래라저래라야?"

라며 상대를 깔아뭉개려 했다. 감사팀장에게도 "앞으로 상당히 고달파질 것"이라며 협박 아닌 협박으로 자신의 힘을 과시하고 으스대려 했다.

다른 사람을 조종하는 것도 경계성 성격 장애 환자의 특징이다. 아래의 사례에 등장하는 한 여성처럼 말이다.

40대 초반의 여성 슈타이너는 사람의 마음을 가지고 노는 것이 특기다. 교묘한 방법으로 주변 사람을 조종해서 결국은 그녀의 뜻대로 행동하게끔 만든다. 대부분의 사람은 그녀가 자신을 조종하고 있다는 사실을 전혀 눈치채지 못한다. 슈타이너가 워낙 친절한 데다 우아한 미소를 머금고 이런저런 '소소한 부탁'을 하기 때문이다. 하지만 조금 친해졌다 싶으면 점점 요구 사항이 많아지고 상대가 자기 말을 듣지 않을 것 같으면 협박도 서슴지 않는다.

그것이 다가 아니다. 동료가 그녀를 믿고 털어놓은 비밀을 다른 사람에게 알려 서로 이간질한다. 이런 모략의 목적은 뻔하다. 남들보다 우월한 위치를 점하려는 것이다. 그녀는 권력을 휘두르는 순간을 즐기고 사람들을 조종함으로써 떨어진 자존감을 보상하려 한다.

그녀가 일하는 회사의 팀장은 그녀를 무척 아꼈다. 슈타이너가 회사 일을 제 일처럼 열심히 하는 데다 성격도 너무 싹싹하고 팀장의 말이라면 자다가도 벌떡 일어나기 때문이었다.

그렇게 시간이 흐르다 보니 어느새 두 사람은 친구나 다름없는 사이가 되었다. 어느 날 직원 면담 시간에 슈타이너가 팀장에게 올해 정한 목표를 달성하면 연봉을 인상해달라고 말했다. 그런데 팀장이 흔쾌히 승낙하지 않고 좀 더 두고 보자고 대답했다.

그 후로도 슈타이너는 늘 팀장 편이었고 팀장의 입에서 말이 떨어지기가 무섭게 척척 일을 처리했다. 날이 갈수록 그녀는 없어서는 안 될 사람이 되었고 팀장은 점점 더 많은 업무를 그녀에게 떠넘겼다. 심지어 그중에는 팀장 고유 업무도 포함되었다.

그렇게 그녀는 팀장 앞에서는 친절하고 충성스러운 모습을 보였지만 뒤에서는 동료들에게 팀장 험담을 마구 늘어놓았다. 기회가 있을 때마다 팀장이 일을 못한다고 비난했다. 반대로 팀장과 면담할 때는 동료들에 관해 절대 좋은 소리를 하지 않았다. 동료들이 그녀를 믿고 털어놓은 은밀한 사생활까지도 팀장에게 고자질했고, 동료들이 한 팀장 험담도 쪼르르 가 일러바쳤다. 그마저도 그대로 일러바치는 수준이 아니라 부풀리고 없는 말까지 지어내며 서로를 이간질했다.

상황이 이렇다 보니 팀 분위기가 날이 갈수록 험악해졌다. 정작 팀을 불만 그득한 전쟁터로 만들어놓은 당사자는 자신이 휘두른 권력을 즐기고 음미했다. 마치 여기저기 줄을 쳐놓고 느긋하게 앉아 먹이가 걸려들기를 기다리는 거미처럼.

경계성 성격 장애 환자의 이런 행동은 권력을 과시해 떨어진 자존감을 보상하려는 나름의 전략이다. 하지만 결국 상황은 그에게 불리하게 돌아간다. 바움과 비슷하게 슈타이너의 주변 사람들도 어느 순간 그녀가 자신의 이득을 위해 이간질과 모략으로 모두를 괴롭히고 있다는 사실을 깨닫게 되었으니 말이다. 결국엔 슈타이너도 모두의 손가락질을 받으며 해고당하고 말았다. 남들을 내 마음대로 조종해 고통스러운 무력감을 이기려던 노력은 정반대의 결과를 가져왔고, 그녀는 어릴 때부터 그토록 두려워하던 바로 그 상황으로 전락하고 말았다. 힘센 보호자의 손에 속수무책으로 떨어진 무력한 상황 말이다.

이들이 이처럼 상대를 조종하고 권력을 휘두르려는 이유는 낮은 자존감과 무력감을 보상하고 싶기 때문이다. 사람들을 내 마음대로 조종하고 그들 위에 군림함으로써 열등감을 잊고 싶은 것이다.

따라서 당신이 환자의 가족이나 친구, 직장 동료라면 적당한 거리를 유지해야 환자에게 휘둘리지 않을 수 있다. 하지만 그게 또 말처럼 쉬운 일은 아니다. 그럴 경우 바움의 비서가 그러했듯이 높은 지위에 있는 중재자를 끌어들이는 것도 좋은 방법이다. 개인적인 관계라면 절충안을 찾아보는 것이 좋겠다. 물론 그러려면 환자의 동의를 얻어야 한다.

환자가 문제를 해결하려는 어떤 노력도 거부해 상황이

악화된다면 무엇보다 자신을 지키는 것이 급선무다. 제삼자나 전문가에게 상담을 청하라. 앞에서 설명했듯 개인적인 관계인 경우 죄책감 없이 환자와 적당한 거리를 취하기가 매우 어렵다.

○ 경계성 성격 장애 환자의 중요한 특징 중 하나는 과도한 열등 감과 오만한 태도를 오가는 극심한 변덕이다.

○ 이 두 가지 성격은 공존할 수 없을 것 같지만 알고 보면 같은 문제의 두 가지 측면에 불과하다. 둘 다 낮은 자존감의 결과물 인 것이다.

○ 이들의 자존감이 낮은 이유는 어린 시절 충분한 존중과 무조 건적인 사랑을 받지 못했기 때문이다.

○ 이렇게 자존감이 낮은 사람은 겉으로 드러난 결과와 관계없이 항상 자신을 무력하고 무능하다고 느낀다.

○ 이들은 분노를 폭발시키며 고통스러운 무력감을 잠시나마 털 어버리려 하지만 결국 실패로 끝나고 만다.

○ 가까운 가족과 친구는 죽 끓듯 왔다 갔다 하는 이들의 변덕스러 운 행동에 속수무책이다. 어떨 땐 수줍고 말 잘 듣는 착한 아이 같다가 갑자기 얼굴을 싹 바꾸어 거만하고 공격적인 모습을 보 인다.

○ 때로 환자는 가족의 아픈 곳을 일부러 건드리고 심하게 모욕 적이거나 상처가 될 말도 서슴지 않는다.

○ 이런 행동은 가족을 약자 역할로 내몰아서 자신이 처한 무력

한 입장에서 헤어 나오기 위한 노력이다.

○ 경계성 성격 장애 환자가 자존감을 회복하기 위해 써먹는 또 다른 '전략'은 다른 사람을 무시하고 조종하며, 주변 사람들을 이간질하는 것이다.

○ 환자가 걸핏하면 변덕을 부리기 때문에 가족이나 친구는 마음 이 조마조마하다. 환자가 무슨 행동을 할지 모르니 온종일 노심초사다.

○ 그런 상황에선 최대한 환자와 거리를 두어야 한다. 그래야 당신이 상처를 입지 않는다.

○ 정서적·물질적으로 환자에게 의존하는 경우 문제가 심각해진 다. 그야말로 '고양이 앞의 쥐'일 테니 말이다.

○ 그런 상황에선 제삼자에게 도움을 청하라. 필요하다면 전문가 의 도움도 마다하지 말아야 한다.

5장

현실과 상상의 경계가 무너지다

30대 중반의 여성 콜프는 작은 셋방에서 혼자 산다. 몸단장에 별로 신경 쓰지 않고 사람들도 거의 만나지 않는다. 몇몇 친척, 지인들과 인사만 하고 지내는 정도다. 어린 시절 아버지의 성폭력과 부모의 폭력, 친구들의 왕따로 얼룩진 암울한 시간을 보냈다.

부모가 딸의 장래에 아무 관심이 없었고 그녀 역시 폭력적인 집안 분위기 탓인지 학습 의욕을 전혀 낼 수 없었지만 어찌어찌 고등학교까지는 겨우 졸업했다. 그 후 적당한 일자리를 구하지 못해 아르바이트를 전전하다가 몇 년 뒤 가까스로 문구 공장에 보조 인력으로 들어가게 되었다.

쉬는 날이면 그녀는 침대에 누워 상상을 하며 시간을 보냈다. 상상 속 그녀는 남자들에게 인기가 많은 매력적인 여성이었다. 의대를 졸업하고 큰 병원에서 의사로 일하는 당당하고 멋진 커리어우먼이었다. 그녀가 제일 좋아하는 상상 속 모습은 온 국민의 사랑을 받는 남태평양 어느 섬의 여왕이 된 것이었다.

상상은 너무나 달콤하고 위로가 되었지만 몇 시간씩 침대에 누워 상상만 하고 있는 자신이 만족스러울 리 없었다. 그럼에도 그녀는 얼른 자리를 털고 일어나지 못했고 지쳐 잠들 때까지 상상을 하고 또 했다.

그녀가 사람들에게 털어놓는 과거와 현재의 모습 또한 현실과 전혀 달랐다.

"어릴 땐 참 행복했어요."

그녀는 늘 그렇게 말했다.

"부모님이 제 말이라면 무조건 다 들어주셨죠. 그래서 집안이 넉넉하지는 않았지만 인문계 고등학교를 나왔어요. 대학도 가려고 했는데 워낙 돈이 없어서 그냥 포기하고 말았어요."

상대가 직업이 무엇이냐고 물으면 그녀는 슬쩍 대답을 피했다.

"지금은 대학에 가려고 돈을 모으는 중이에요. 의대에 갈 생각이거든요."

자신의 과거와 미래의 계획을 늘어놓는 그녀를 옆에서 지켜본 사람이라면 누구도 그녀의 말이 사실이 아니라고 의심하지 못했다. 그녀가 워낙 진짜처럼 이야기했기 때문이다.

어릴 적 상황을 잘 아는 친척들에게는 현재와 미래를 포장했다. 친하게 지내는 사촌 언니를 만났을 때도 이제 돈이 웬만큼 모였으니 의대 공부를 시작할 수 있을 것 같다고 말했다. 그날 언니는 이렇게 호소했다.

"제발 그만해. 눈을 뜨고 현실을 보란 말이야. 네가 무슨 수로 의대를 간다고 그래."

콜프는 벌컥 화를 냈다.

"왜 안 돼? 대입 시험 보면 되지. 내가 공부를 얼마나 잘하는지 언니도 알잖아."

이런 대화가 벌써 몇 번째인지 몰랐다. 아무리 사촌 언니가 정신을 차리라고 호소해도 콜프는 같은 말만 되풀이했다. 결국 사촌 언니도 설득을 포기하고 건성으로 대꾸했다.

"그래. 네 뜻이 그렇다면야……."

콜프는 현실을 받아들이기 힘든 경계성 성격 장애 환자다. 그 사실은 고단했던 그녀의 어린 시절과 청소년 시절뿐 아니라 현재와 미래를 바라보는 그녀의 비현실적인 생각에서 잘 드러난다. 견딜 수 없을 만큼 암울한 현실을 외면하기 위해 상상을 '위안의 반창고'로 활용하는 것 또한 이런 경계성 성격 장애 환자의 특징이다.

한편으로는 이해 못 할 바도 아니다. 콜프의 경우 끔찍했던 과거와 어두운 현재를 직시하는 것이 정말 견디기 힘들 것이다. 상상은 희망찬 미래로 암울한 현실을 덮을 수 있는 매우 창의적인 방법이다. 콜프가 꾸는 남태평양 어느 섬의 여왕이 되는 꿈도 폭력과 절망으로 얼룩진 세상에서 살아남기 위한 절절한 노력으로 볼 수 있다.

하지만 이런 현실 대처법에는 위험한 면이 있다. 그것이 환자의 인간관계에도, 현실 인식과 일상 행동에도 문제를 일으키기 때문이다.

인간관계의 경우, 이렇게 현실 인식에 문제가 있는 경계성 성격 장애 환자는 시간이 갈수록 자꾸 혼자만의 세계로 숨어든다. 사람을 만날 때면 그에게 자신의 과거와 현재를 얼마나 털어놓아야 할지 고민할 수밖에 없기 때문이다. 현실이 부끄럽고 힘들수록 환자는 그 현실을 숨기거나 사실과 다르게 미화한다.

결국 환자는 점점 더 사람을 기피할 것이고, 설사 만난다 하더라도 개인적인 이야기를 나눌 필요가 없는 피상적인 관계로 그치고 말 것이다. 피상적인 관계에선 상대의 말이 얼마나 현실적인지를 점검할 수 없으니 말이다. 결과는 사회적 고립이다. 환자는 고독할 뿐 아니라, 사람들과 대화하며 자신의 생각을 교정할 기회마저 점점 잃어간다.

현실을 제대로 인식하지 못하는 사람은 타인과의 관계뿐 아니라 자신과의 관계마저 점차 잃어간다. 현실을 눈앞으로 들이미는 가족 혹은 친구와 거의 접촉하지 않을 경우 환자는 점점 더 자기 세계로 칩거할 것이고 현실과의 연관성을 더욱 잃어갈 것이다. 바로 이 순간 위안이 되던 상상은 고통으로 변한다. 꿈과 상상이 도저히 끊을 수 없는 마약이 되어버리기 때문이다.

하지만 현실에서 등을 돌려 얻을 수 있는 것은 체념과 무기력뿐이다. 상상과 현실의 간극은 날이 갈수록 벌어질 테니 더욱 현실을 부정하고 외면할 수밖에 없다. 콜프도 처음에는 행복했던 어린 시절, 사랑을 듬뿍 준 부모님, 인문계 고등학교 졸업, 의대 공부 같은 자신의 말들이 현실이 아니라는 사실을 알았을 것이다. 하지만 시간이 갈수록 현실과 상상의 경계는 사라지고 결국 상상을 현실이라 믿게 되었을 것이다.

이런 사람의 가족이나 친구는 콜프의 사촌 언니와 같은 입장이다. 아마 당신도 처음에는 조심스럽게 입을 뗐겠지만 시간이 갈수록 점점 더 노골적으로 몇 번이나 환자의 코앞으로 현실을 들이밀었을 것이고, 환자는 번번이 그 현실을 내팽개쳐버렸을 것이다. 고통스러운 과거를 떠올리고 싶지 않은 환자의 마음은 충분히 이해가 된다. 하지만 현재에 관해서도 전혀 사실이 아닌 이야기를 늘어놓을 때면 확 짜증이 솟구친다. 당신이 화가 나서 환자에게 제발 현실을 똑바로 보라고 채근할 경우, 환자와 심한 언쟁이 벌어질 수도 있다. 그러나 당신은 그렇게라도 해야 환자가 완전히 현실에 등을 돌리고 체념과 무기력에 빠지지 않을 것이라는 생각에 언쟁을 멈출 수가 없다.

그런 노력이 성공을 거두어 환자의 현실 인식이 개선될 수도 있다. 하지만 대부분은 거센 반발에 부딪혀 대화가 계속 제자리를 맴돌 것이다. 환자에겐 당신의 논리를 모두 물리칠 나름의 반대 논리가 있다. 당신은 그 논리가 얼토당토않다는 것을 잘 알기에 반박할 것이고, 그럼 환자는 또다시 새로운 논리로 당신의 반박을 물리칠 것이다. 결국 대화는 한 발자국도 나아가지 못한다.

당신은 그런 상황에 무척 화가 날 수 있다. 상대가 당신의 말을 귓등으로도 안 듣고 당신을 무시한다는 생각이 들 수도 있다. 환자의 계획이(콜프는 대입 시험을 봐서 의대에 가겠다고 했다) 얼마나 비현실적이고, 환자가 주장하는 과거가 얼마나 실제와 다른지 당신은 너무 잘 안다. 그런데도 환자는 절대 아니라고 우긴다. 당신은 화도 나고 기분도 나빠서 관계를 끊어버리고 싶을 것이다. 벽에다 대고 말하는 것도 하루 이틀이지, 이제 할 만큼 했다는 심정이 든다. 바로 이 것이 대부분의 환자 가족이나 친구가 느끼는 감정이다.

어쩌면 당신도 콜프의 사촌 언니처럼 체념하고 더는 그런 이야기는 입에 올리지 않겠다고 다짐할 것이다. 하지 만 그 주제를 빼고 나면 할 이야기가 별로 없기 때문에 결 국 환자의 거부는 소통의 단절로 이어진다.

이것이 온갖 노력이 실패로 돌아간 후 경계성 성격 장 애 환자의 가족이나 친구가 내릴 수밖에 없는 비극적 결말 이다. 그런 상황에서 당신이 할 수 있는 것은 단 하나뿐이 다. 그럼에도 환자와 관계를 끊어버리지 않는 것! 물론 당 신이 곁에 있다 하더라도 환자가 결코 현실로 돌아오지 못 할 수도 있다. 하지만 현실을 왜곡하고 외면하는 그를 따뜻 한 마음으로 이해하고 끈기 있게 곁을 지켜서 그가 고립무 원의 처지가 되지 않도록 도와줄 수는 있을 것이다.

현실 거부와 왜곡은 제삼자가 보기엔 영락없는 '거짓 말'이다. 실제 환자의 말은 진실과 전혀 다르다. 콜프가 사촌 언니에게 한 "공부를 잘했다"는 말은 거짓말이다. 부모님이 그녀가 "원하는 것을 다 해주셨다"는 말도 거짓말이다. 하지만 그녀의 그런 말들을 전부 일반적인 거짓말이라고 싸잡아 비난한다면 그건 지나치고 부당한 평가다. 또 하나의 사례를 통해 그 이유를 알아보자.

마흔 살의 남성 린드너는 벌써 몇 번이나 범죄(절도와 강도)를 저질러서 교도소에 들락거렸다. 이번엔 출소를 앞두고 다시는 교도소에 들어오지 말자고 결심했다. 아무도 모르는 도시로 가서 새로운 인생을 살자고 마음먹었다. 그에게는 만성질환이 있었다. 그는 교도소 의료과장에게 정착할 도시에 그가 갈 만한 병원이 있는지 문의했다. 의료과장은 적합한 병원을 찾아주었고, 진료를 시작하거든 담당 의사에게 자신의 연락처를 알려주라고 말했다. 자신이 그 병원 의사에게 그동안의 진료 내역과 참조할 만한 이런저런 정보를 제공하겠노라고 말이다.

마침내 출소하여 집을 구한 린드너는 교도소 의료과장이

일러준 병원을 찾아갔다. 그리고 담당 의사에게 자신이 얼마 전 교도소에서 출소했다고 고백했다. 의사는 환자가 아무런 변명도 하지 않고 솔직하게 자신의 어두운 과거를 털어놓았다는 사실에 깊은 감명을 받았다. 그리고 이것저것 지난 과거를 물어보았다. 린드너는 다음과 같은 사연을 털어놓았다.

그는 곡예사 부부의 외동아들이었다. 부모님은 난이도 높은 공중그네 곡예로 유명한 곡예사였다. 어릴 적에는 그도 부모님을 도와 쉬운 곡예는 함께 했지만 다섯 살 때 공중그네에서 떨어지는 바람에 중상을 입고 말았다. 그가 입원해 치료받는 동안 부모님은 그를 혼자 남겨두고 곡예단과 함께 멀리 떠나셨다. 장애를 입어 (환자는 이 말을 하며 잘 돌아가지 않는 어깨관절을 보여주었다) 어차피 함께 곡예를 할 수도 없게 된 마당에 그가 따라간다면 짐만 될 것이었기 때문이다.

그 후 그는 고아원에서 자랐다. 아버지는 두 번 다시 보지 못했다. 나중에 부모님이 이혼하셨다는 소식만 들었다. 아버지는 곡예단과 함께 미국으로 건너가서 지금도 그곳에 살고 계시다. 어머니 역시 지난 20년 동안 뵌 적이 없다. 최근에 어머니의 집 주소를 알아내 찾아갔는데 어머니가 너무 반가워하시며 그를 꼭 안아주셨다. (이 말을 하면서 린드너는 펑펑 울었다.)

린드너가 자신의 과거와 최근에 어머니를 만났던 이야기를 어쩌나 실감 나게 했는지 의사는 단 한 순간도 그의 말을 의심하지 않았다. 내용이 워낙 상세하고 환자가 감정을 주체하지 못해 눈물까지 쏟았기에 너무나 설득력이 있었다. 의사는 드라마틱한 린드너의 인생사에 깊은 감명을 받았고, 비극적인 삶을 살아온 그가 무척 안쓰러웠다.

따라서 일주일 후 교도소 의료과장에게 환자의 진료 기록과 여러 정보를 전해 받은 후 의사는 한참을 당혹스러워할 수밖에 없었다. 이름과 교도소에 수감되었던 전력만 빼면 린드너의 이야기는 전부 다 가짜였던 것이다. 린드너의 부모는 곡예사가 아니라 공장 노동자였고, 린드너 역시 곡예단에는 들어가 본 적도, 그네에서 떨어진 적도, 부모에게 버림받은 적도 없었다. 그가 의사에게 보여준 불편한 어깨는 교통사고 후유증이었다. 그가 들려준 인생사가 전부 완전히 거짓이었던 것이다.

의사는 어이가 없고 기가 막혔다. 대체 무슨 생각으로 그런 터무니없는 거짓말을 늘어놓았던 걸까? 며칠 후면 교도소 의료과장이 사실을 알려주리라는 것을 뻔히 알았을 텐데. 의사는 환자가 너무나 뻔뻔하다고 생각했다. 자신을 얼마나 바보 취급했으면 금방 들통날 거짓말을 그렇게 태연한 얼굴로 늘어놓을 수 있단 말인가?

도저히 이해가 가지 않았던 의사는 같은 병원의 동료 의사에게 상황을 설명하고 조언을 구했다. 그녀도 처음엔 환자가 너무 뻔뻔하다고 화를 냈다. 하지만 계속 의견을 주고받던 중 문득 그녀가 그 이야기를 통해 환자가 특정한 사실을 말하고 싶었던 것 아니냐는 언질을 주었다.

"어쩌면 그는 인생사를 들려주고 싶었던 것이 아니라 자기 마음을 보여주고 싶었던 것 아닐까? 그의 이야기가 스스로 생각하는 자신의 모습과 인생사인 것 아닐까?"

완전히 새로운 시각이었다. 동료의 말을 듣자 의사의 심경에도 변화가 일었다. 화가 싹 가라앉으면서 안쓰럽고 가여운 마음이 밀려왔다. 동료 의사의 말을 듣고 보니 환자의 이야기가 내면 상태의 표현인 것 같았다. 그 '거짓' 이야기가 크나큰 심리학적 의미를 띠기 시작한 것이다.

그들의 생각은 옳았다. 린드너는 어릴 적 따뜻한 부모의 사랑을 갈망했다(그는 귀한 외동아들이고 부모님의 곡예를 돕는 중요한 파트너였다). 그리고 부모가 명망 있는 사람이기를 바랐다(부모님이 유명한 곡예사여서 아들도 곡예를 배울 수 있었다). 하지만 실제로는 부모한테 '물건' 취급을 당한다고 느꼈다(목적을 이루는 수단, 쓸모없어지자 버리고 가버린 곡예의 수단이었다). 공중그네에서 떨어졌다는 말은 정서적 추락으로, 병원에 홀로 남겨졌다는 말은 정서적 방임으로 해석할 수 있다. 오랜 헤어짐 끝에 다시 만난 엄마라는 존재는 마침내 그를 사랑하고 아껴주는 사람(좋은 엄마)을 찾고 싶다는 바람의 표현이었다.

린드너가 의사에게 들려준 '거짓' 이야기는 외부 현실과 전혀 일치하지 않았다. 하지만 환자는 매우 섬세한 내면의 이미지를 구축했고 어린 시절이 어떤 감정으로 남은 경험이었는지를 인상적으로 의사에게 전달했다.

물론 이 사례는 매우 특이한 경우다. 아마 당신도 처음엔 환자의 뻔뻔함에 놀라고 화가 났을 것이다. 하지만 환자의 이야기가 외부 현실이 아니라 내면의 상태였다는 사실을 깨달은 후에는 마음이 달라졌을 것이다.

경계성 성격 장애 환자는 가족이나 친구에게 현실과 다른 이야기를 많이 한다. 그것이 현실을 왜곡하여 곤란한 상황을 모면하거나 남에게 책임을 씌우려는 보통의 거짓말일 수 있다. 실제로 경계성 성격 장애 환자는 어릴 때부터 남 탓을 많이 한다. "내가 안 그랬어. 쟤들이 그랬어." "난 아니라니까." 이런 말로 책임을 모면하려 한다.

하지만 그들이 하는 현실 왜곡이 단순한 거짓말이 아니라 내면 상태를 상징적으로 설명하는 경우도 적지 않다. 문제는 그런 말들이 듣는 사람에게 짜증과 분노를 유발한다는 데 있다. 그것이 사실이 아니라는 것을 알고 나면 환자에게 조롱당했다는 기분이 들기 때문이다. 앞선 사례에서 의사와 그의 동료도 처음엔 그랬다. 두 사람 역시 깊이 있는 대화를 나누며 고민한 끝에야 린드너의 고백에 더 심오한 의미가 숨어 있을 가능성을 깨달았다. 그가 의사를 속이려 한 것이 아니라 상징적인 이야기로 자신의 내면을 보여주려 한 것이라고 말이다.

따라서 환자가 애당초 신빙성 없는 이야기를 늘어놓거

나 나중에 보니 환자의 이야기가 전부 다 거짓이었다면 동료 의사처럼 왜 환자가 그런 이야기를 지어냈을까 고민해 보는 과정이 필요하다. 물론 환자의 말이 누가 봐도 핑계이고 거짓말이라면 거짓말이라고 말해야 한다. 하지만 그렇게 누가 봐도 뻔한 거짓말이나 극심한 현실 왜곡일수록 더욱더 화부터 내며 환자를 무시할 것이 아니라 그 뒤에 숨은 의미를 파악하려 노력할 필요가 있다.

좀 이상하게 들릴지 모르겠지만 가족이나 친구에 관한 '거짓' 이야기야말로 그의 '진짜' 얼굴, 조작하지 않은 그의 깊은 감정을 알 수 있는 길이다. 무시하거나 화내면 환자는 입을 다물어버릴 것이다. 물론 말처럼 쉬운 일은 아니다. 거짓말을 듣고 있으면 당연히 짜증이 날 것이다. 상대가 나한테 거짓말을 늘어놓는데 어떻게 화가 나지 않겠는가. 그렇다 하더라도 화가 가라앉거든 살짝 감정의 거리를 두고서 환자의 말에 숨은 더 깊은 의미를 추측해보자. 어쩌면 난생처음 그의 내면을 들여다볼 수 있을지도 모르니.

요점 정리

○ 경계성 성격 장애 환자의 주요 증상 중 하나는 현실 인식의 어려움이다.

○ 현실 왜곡은 과거는 물론이고 현재나 미래로까지 확대되어 과거의 자신과 현재의 자신을 전혀 다르게 생각할 수 있다.

○ 그 결과 환자는 '거짓' 이야기를 하게 되고, 주변 사람은 물론이고 가족이나 친구에게까지도 이해받지 못하고 비난을 받는다. 주변 사람은 환자가 자신을 속였다고 생각하기 때문이다.

○ 하지만 사실 이런 행동은 참을 수 없는 현실에 눈을 감아서 자신을 보호하려는 긍정적인 현실 해석인 경우가 많다.

○ 이런 현실 부정 전략은 인간관계를 더 악화시키고(상황에 따라서는 가족과 친구마저 속았다는 기분을 느끼며 등을 돌린다), 환자가 현실에서 더욱 멀어지는(결국 환자는 자신이 만들어낸 거짓 이야기를 굳게 믿어버린다) 결과를 초래할 수 있다.

○ 환자의 이야기를 일종의 꿈이나 백일몽으로 보면 환자가 그런 이야기를 통해 자신의 **내면 상태**를 상징적으로 설명하고 있음을 알 수 있다.

○ 환자의 현실 인식을 바로잡는 방법은 오직 하나, 당신이 신중한 자세로 꾸준히 환자를 현실과 대면시키는 것이다.

○ 하지만 당신의 노력은 비루한 현실을 깨닫지 않으려는 환자의 저항에 부딪혀 실패할 확률이 높다.

○ 이럴 경우 환자의 현실 인식을 고치겠다는 마음을 접고 끈기와 연민으로 환자의 곁을 지키는 수밖에 없다.

6장

지나가는 말이 화를 부른다

대기업 물류 센터 직원인 마흔다섯 살 남성 초
크는 일 잘하기로 소문이 자자하다. 하지만 워낙 성격이 좋
지 않아서 직장에선 기피 인물로 통한다. 심지어 팀장도 함
부로 건드리지 못한다. 동료들과 벌써 몇 번이나 문제를 일
으켰지만 따로 불러 한마디 할라치면 동료들이 자신을 왕따
시키는 것인데 왜 아무 잘못도 없는 자신을 불러 야단을 치느
냐며 불같이 항의해서 흐지부지되고 말았다.

　　워낙 이기적이고 자기 말이 진리라고 생각하기 때문에
친구도 없고 가족들도 그를 좋아하지 않는다. 여자 친구도
몇 명 있었지만 다들 얼마 못 만나고 헤어졌다. 그런데 몇 주
전에 어느 파티에 갔다가 스물세 살인 한 여성을 만났다. 소

심하고 자신감이 없는 성격이었던 그녀는 매사 똑 부러지는 초크의 당찬 모습에 마음이 끌렸다. 몇 번 데이트를 한 두 사람은 근처 호숫가에 펜션을 빌려서 주말을 함께 보내기로 계획했다.

그런데 시작부터 분위기가 좋지 않았다. 초크는 약속 장소에 30분이나 지각했다. 여자 친구가 자기 집으로 데리러 와달라고 했을 때 그는 단칼에 거절했다.

"진심이야? 토요일 오전에 시내를 통과하라고? 전철 타고 에라스뮈스 광장까지 오면 거기서 만나 내 차 타고 출발하면 되잖아."

짐을 들고 전철을 타고 약속 장소까지 간 여자 친구는 거기서 다시 30분을 기다려야 했다. 비까지 내려서 기분이 좋지 않았지만 그녀는 아무 말도 하지 않았다. 하지만 그녀의 기분을 눈치챈 초크는 입을 다물지 못하고 그녀를 윽박질렀다.

"왜 우거지상이야? 몇 분 늦은 걸 가지고 더럽게 짜증이네. 주말을 망칠 셈이야?"

초크가 화를 내자 여자 친구는 말없이 그의 팔을 꼭 잡아 그를 진정시켰다. 마지못해 그도 입을 다물었다.

목적지까지 가는 동안 두 사람은 아무 말도 하지 않았다. 그녀가 미리 예약해둔 펜션에 도착하자 초크는 자기 짐만 달랑 꺼내 들고 펜션으로 들어가 버렸다. 여자 친구의 가방은 손도 대지 않았다. 여자 친구는 살벌한 분위기를 풀어보려고 먼저 말을 걸었고 아무 잘못도 하지 않았지만 자신이 잘못했다고 사과했다. 사과하면 그의 화가 가라앉을 것이라 기대했다. 그녀의 전략이 어느 정도 통했는지 어쨌든 그는 묻는 말에 대답은 해주었다. 하지만 여전히 표정은 밝지 않았다.

두 사람은 호숫가를 돌며 산책을 했다. 밖으로 나와 자연을 벗 삼으니 그도 다시 기분이 좋아진 것 같았다. 하지만 저녁 식사 시간에 다시 문제가 불거졌다. 초크가 와인을 주문하려고 하자 여자 친구가 술을 안 마시겠다고 말한 것이다.

"왜 매사 이런 식으로 기분을 망쳐? 내가 하자는 건 뭐든 싫다고 하잖아. 그러려면 뭐 하러 나랑 다녀?"

여자 친구는 눈물을 글썽이며 자기가 술을 안 마시는 건 당신도 알지 않느냐, 그런데 왜 갑자기 트집을 잡느냐고 말했다. 초크는 대답 없이 입을 꾹 다물고 밥을 먹기 시작했다. 여기까지 오는 동안 그랬듯 밥을 먹는 동안에도 살벌한 침묵이 이어졌다. 여자 친구가 몇 번 말을 걸었지만 그가 전혀 입을 열지 않자 결국 여자 친구도 포기하고 말없이 밥만 먹었다.

초크가 춤을 좋아한다는 사실을 알았던 여자 친구는 식사가 끝나자 근처 호텔에서 열리는 파티에 가자고 제안했다. 그도 마지못한 듯 중얼거렸다.

"당신이 그렇게 가고 싶다면야 뭐 한번 가보던가."

여자 친구는 그의 기분이 풀린 것 같아 뛸 듯이 기뻤다. 하지만 그 기분도 오래가지 못했다. 이내 다시 문제가 불거졌는데 이번에는 아주 심각했다. 파티에 온 손님 중에 초크가 펜션에서 본 남자가 있었다. 그 남자가 춤을 추면서 초크의 여자 친구를 자꾸 흘깃거렸다. 정작 여자 친구는 전혀 눈치채지 못했지만 초크는 그 남자의 시선이 아주 거슬렸다.

춤이 끝나고 다시 테이블에 앉았을 때 여자 친구는 잔뜩 화가 난 그의 표정을 보고 놀라 왜 그러냐고 물었다. 초크가 사납게 쏘아붙였다.

"아주 시치미를 딱 떼는군. 그놈이랑 시시덕거리면서 내가 모를 거라고 생각했어? 아까 펜션에서 저녁 먹을 때부터 봤어. 당신이 여기 온다고 말해줬지? 그러니까 그놈이 따라

온 거 아냐. 더러운 년."

이 말과 함께 초크는 자리에서 벌떡 일어나 밖으로 나가 버렸다. 마른하늘에 날벼락이 따로 없었다. 어이없는 비난에 심한 욕까지 들은 그녀는 하도 기가 막혀 아무런 말도 할 수 없었다. 그녀는 얼른 술값을 지불하고 그를 따라 뛰었다. 펜션에 다 왔을 무렵 초크를 따라잡은 그녀가 그에게 따졌다.

"왜 욕을 해요? 당신 미쳤어요? 난 모르는 남자란 말이에요. 대체 무슨 상상을 하는 거예요?"

"어련하시겠어. 상상?"

초크는 비아냥대기 시작했다.

"내가 너희 둘이 힐끗거리는 걸 봤는데. 너희 둘이 날 가지고 놀았잖아. 하지만 네 뜻대로 안 될걸. 내가 그렇게 만만한 줄 알아? 그놈한테 가. 그놈도 우리 펜션에 방 잡았던데, 너랑은 끝이야."

초크는 여자 친구를 밖에 세워둔 채 혼자 펜션으로 들어가 문을 잠가버렸다. 여자 친구는 쫓아가 문을 두드리며 제발 열라고 애걸했다. 전부 다 오해니까 화 풀라고, 문 열고 조용히 이야기하자고. 하지만 초크가 꼼짝도 하지 않자 여자 친구는 더 힘껏 문을 두드렸다. 갑자기 문이 벌컥 열리고 초크가 밖으로 나오더니 여자 친구의 멱살을 잡아 패대기를 쳤다. 그러고는 발로 그녀를 밟기 시작했다. 그녀가 아파서 비명을 질렀지만 발길질은 멈추지 않았다. 비명 소리에 놀란 주인이 달려와서 무슨 일이냐고 물었다.

초크가 다시 힘껏 여자 친구에게 발길질을 하는 바람에 주인이 잡아주지 않았더라면 그녀는 계단에서 굴러떨어졌을 것이다. 초크는 방으로 들어가 그녀의 가방을 밖으로 던지고는 문을 쾅 닫았다. 주인이 그녀를 일으켜 세우며 경찰에 신고할까 물었다. 그녀는 사색이 되어 그러지 말라고 말렸다.

"그것만은 안 돼요. 그랬다가는 정말 미쳐 날뛸 거예요."

그녀는 방을 하나 더 빌려 그곳에서 하룻밤을 묵은 후 다음 날 아침 서둘러 펜션을 떠났다.

이 사례는 경계성 성격 장애 환자가 얼마나 쉽게 극단적 흥분 상태에 빠지는지, 흥분이 얼마나 순식간에 격한 분노 폭발로 이어지는지를 잘 보여준다. 겉보기엔 아무것도 아닌 소소한 비판이나 거절도 환자에겐 어마어마한 모욕으로 느껴질 수 있는 것이다.

이런 상황에서 환자들이 미친 듯 폭발하는 이유는 낮은 자존감 때문이다. 이들은 자신은 뭘 해도 잘못할 것이라는, 그래서 주변 사람에게 멸시와 거부를 당할 것이라는 확신을 마음 저 깊은 곳에 깔고 산다. 아무짝에도 쓸모없는 인간이라는 이 견디기 힘든 감정을 털어버리기 위해 그들은 보상 전략으로 남들이 부당하다는 태도를 고집한다. 따라서 초크처럼 모두가 자신의 뜻에 복종해야 한다고 우기고, 그 뜻이 존중받지 못한다는 기분이 들면 분노하거나 심지어 폭력을 행사하기도 한다.

그런 상황은 가족이나 친구에게 불쾌감과 상처를 주는 차원을 넘어 명백한 폭력이 될 수 있다. 초크와 함께 주말 여행을 떠났던 여자 친구 역시 여러 번 불쾌하고 모욕적인 상황에 처했다. 집으로 데리러 가지 않겠으니 혼자 짐 들고 전철을 타라는 요구를 받아들여야 했고, 펜션으로 가는 내내 그의 짜증을 견뎌야 했으며, 술을 마시지 않는다는 이유로 비난을 감수해야 했고, 결국 파티장에서 다른 남자와 시시덕거렸다는 오해까지 받았다. 여자 친구는 그를 달래기 위해 계속 노력했고 심지어 아무 잘못도 없으면서 사과까지 했다.

이 사례는 사태 악화를 막아보려는 노력들이 아무 소용 없다는 사실을 단적으로 보여준다. 물론 환자와 갈등이 생겼을 때는 '불난 집에 기름을 붓지' 않아야 한다. 최대한 환자를 진정시키려고 노력해야 한다. 하지만 아무 잘못도 없으면서 책임을 뒤집어쓰는 것은 바람직한 대응이 아니다. 당신 역시 기분이 좋을 리 없고, 자주 이런 식으로 대처하다

보면 장기적으로 당신의 마음에 원망과 분노가 쌓일 것이다. 환자도 사실 마음 저 깊은 곳에서는 당신이 아무 잘못도 없다는 것을 알고 있기 때문에 당신의 행동을 '나약함'으로 해석해 당신을 경멸하게 된다.

결국 당신이 양보해 환자를 진정시킬 것인지, 아니면 심각한 충돌을 감수하고서라도 당신의 권리와 의견을 고집할 것인지 줄타기를 해야 한다. 경계성 성격 장애 환자의 행동에 대처하는 방식은 다양하다. 그리고 어떤 방식을 선택하느냐는 세 가지 측면에 달려 있다. 첫째, 환자의 반응이 얼마나 격한지, 둘째, 당신이 과거에 환자와 어떤 경험을 했는지, 셋째, 당신의 성격이 어떠하며 현재 어느 정도나 스트레스를 견딜 수 있는지에 달린 것이다.

초크의 경우처럼 환자가 과격한 행동을 보일 경우 아마 대부분의 보호자는 관계를 끊을 것이다. 폭력은 어떤 상황에서도 명백한 잘못이다. 받아들일 수 있는 한계를 넘어선 행동이다. 그렇지만 또 대부분의 보호자는 설사 폭력 행위가 있었다 하더라도 환자가 사과한다면 관계를 이어갈 마음이 남아 있을 것이다.

보호자로서 당신이 절대 잊지 말아야 할 것은 바로 당신의 안전이다. 따라서 환자가 앞으론 두 번 다시 이런 일이 없을 것이라고 맹세한다 해도 마음이 약해져선 안 된다. 물론 진심일 수도 있다. 하지만 당신을 잃을까 봐 걱정돼서 던진 빈말일 수도 있다. 당신을 잃는다면 사랑받지 못할 존재라는 그의 마음속 불안이 틀리지 않았음을 확인하게 될 테니까 말이다.

이 모든 사실을 다 알고 나면 화를 내는 환자가 불쌍하고 가여울지도 모르겠다. 길길이 날뛰며 폭력을 휘두를 때면 정말 괴롭지만 그래도 그가 안쓰럽고 안타까울 것이다. 하지만 그것이 파괴적인 관계를 유지해야 할 이유가 될 수는 없다. 초크의 여자 친구처럼 그러다가 정말 큰 위험에 처할 수도 있다. 더구나 당신이 관계를 끊지 못하고 질질 끌려다니면 환자는 그렇게 행동해도 별문제가 없다고 믿게 된다. 상황에 따라서는 환자가 오히려 더 제멋대로 행동하게 될 수도 있다.

폭력을 행사할 경우 경찰에 신고할 것인지도 심각하게 고민해봐야 한다. 물론 남편이나 자식, 친구를 경찰에 신고하다니, 생각만 해도 머리가 아플 것이다. 사생활이 남들 입에 오르내리는 것도 유쾌하지 않을 것이다. 또 괜히 신고 했다가 나중에 보복을 당할 수도 있다. 가정 폭력을 당한 사람들이 신고를 망설이는 이유도 그 때문이다. 그럼에도 전문가들은 피해자에게 신고하라고 조언한다. 신고해서 가 해자에게 그의 폭력 행위가 참을 수 있는 한도를 넘어섰다 는 사실을 명백하게 알려주어야 한다고 말이다.

폭력성을 보이는 경계성 성격 장애 환자와 관계를 유지 하려면 조건이 필요하다. 환자 스스로 행동 개선의 필요성 을 인식해야 한다. 그런데 이를 인식하려면 주변의 명확한 신호가 필요하다. 언젠가 좋아질 것이라는 막연한 희망으 로 끝없이 양보하고 인내하기만 해서는 아무런 변화도 일어 나지 않는다. 당신이 명확한 입장을 취하는 것이, 즉 아무리 환자라 해도 사회의 규칙은 지켜야 한다고 확실히 밝히는 것이 결국엔 그에게도 더 유익하다. 하지만 그러기가 현실 적으로 얼마나 어려운지 그리고 어떤 결과가 초래될 수 있 는지, 아래 사례를 통해 알아보기로 하자.

40대 중반의 여성 루돌프는 건설 회사의 인사 부장이다. 아는 것도 많고 업무 능력도 뛰어나서 쓸 만한 재목을 뽑아 멋진 인재로 키워내는 재주는 따라갈 자가 없었다. 하지만 성격이 불같아서 부하 직원들 사이에선 호랑이 부장으로 통했다. 워낙 변덕이 심하고 흥분을 잘하는 통에 모두가 그녀만 보면 슬슬 피했다.

부하 직원들이 조금만 허물없이 대해도 버릇없다고 호통을 쳤고 자세가 살짝 흐트러져도 똑바로 서라고 소리 질렀다. 그러다 보니 50~60대의 회사 임원들도 그녀를 만나면 식은땀을 흘렸다. 바른 소리 잘하기로 소문난 그녀가 면전에다 대고 직언을 서슴지 않았기 때문이다.

밖에서 새는 바가지가 안에서도 새는 법, 가족이나 친구라고 해서 봐주는 법이 없었다. 그녀는 어디서나 기피 인물이었고 애정 전선도 그리 활발하지 않았다. 그러다가 몇 년 전 만난 동갑의 교사와 6개월 전부터 연인 관계로 발전했다.

처음에는 그녀도 많이 자제해서 웬만하면 화를 내지 않으려고 조심했다. 하지만 몇 주가 지나자 본색이 드러났다.

여자 친구가 조금이라도 자기 뜻을 거스르면 야단을 치고 버럭 화를 냈다. 그녀 표현대로라면 "반항"은 절대 용서할 수 없었다. 가령 둘이 영화를 보기로 했는데 여자 친구가 조심스럽게 혹시 다른 영화를 보면 안 되냐고 한마디 하면 그녀는 버럭 화를 내며 소리를 질렀다.

"넌 맨날 불평이야. 그럴 거면 혼자 가서 봐."

여자 친구는 처음엔 그녀가 회사에서 스트레스를 너무 많이 받아서 그런가 보다 생각했다. 그런데 어느 날 밤 이런 자신의 생각을 이야기했더니 그녀가 다시 버럭 화를 냈다.

"내가 너같이 스트레스 타령이나 하면서 게으름 피우는 인간인 줄 알아? 너 지금 날 질투해서 그러는 거지. 넌 코 묻은 애들이나 상대하며 인생을 허비하는데 나 혼자만 승승장구하니까."

여자 친구가 아니라고 아무리 말해도 상황은 악화일로를 달렸고 결국 그날도 여자 친구는 욕만 실컷 얻어먹고 집으로 돌아왔다.

계속되는 싸움과 분노 폭발에 지친 여자 친구는 이별을 결심했다. 하지만 그런 이야기를 꺼내는 것조차 쉽지가 않았다. 분노와 공격성 때문에 너무 힘들다는 뜻을 조금만 내비쳐도 루돌프는 버럭 화를 내면서 모든 책임을 여자 친구에게 떠넘겼다. 애당초 다 알았으면서 왜 이제 와 자신을 탓하느냐고 말이다.

"이제 와서 우리 사이가 나쁜 게 다 내 탓이란 말이야? 웃기네. 네가 맨날 불평불만만 늘어놓으니까 그런 거 아냐. 아무리 잘해줘도 소용이 없어. 꺼져. 너 없어도 사는 데 아무 지장 없으니까."

결국 여자 친구는 편지를 써서 자신의 심정을 다 털어놓고 이별 인사를 전하기로 마음먹었다. 지금도 여전히 너를 사랑하지만 계속 화를 내고 욕을 하기 때문에 도저히 참을 수 없다고 고백했다.

"너와 헤어지려는 건 네가 미워서가 아니야. 날 보호하기 위해서야. 이제 더는 못 참겠어. 너더러 변하라고 요구하지도 않을 거야. 넌 변할 수 없을 테니까. 안타깝고 속상하지만 어쩔 수가 없어. 너의 폭력적인 행동은 아마 많은 이에게 상처를 주었을 거야. 널 아직 진심으로 사랑하는 나마저 너를 떠나게 만들었으니까."

이런 진심 어린 호소에도 루돌프의 반응은 비웃음 담긴 문자 한 통뿐이었다.

"네 주제에 날 동정해? 꺼져. 필요 없으니까."

앞에서 소개한 초크와 비슷하게 루돌프 역시 극도로 흥분을 잘하고 자신과 다른 의견은 절대 용납하지 않는다. 이런 태도는 직장과 가정을 불문하고 사회적 갈등을 초래하기 마련이다. 직장에서 부하 직원들은 말할 것도 없고 나이 든 임원들까지도 그녀를 기피하고, 여자 친구 역시 시도 때도 없이 터져 나오는 그녀의 분노 탓에 힘들어하다가 결국 이별을 결심하고 만다.

그런데도 루돌프는 아무런 교훈을 얻지 못하고 끝까지 자신은 잘못이 없다고 고집한다. 어쩌면 당신도 경계성 성격 장애를 앓는 부모 밑에서 자라며 비슷한 일들을 경험했을지 모른다. 아버지나 어머니가 고함을 지르거나 모진 말을 던질까 봐 겁이 나서 반항 한번 못 한 채 묵묵히 시키는 대로 따랐을지도 모른다. 당신이 루돌프의 부하 직원들처럼 종속된 위치에 있어서 괜히 반항했다가 더 큰 일이 벌어질까 봐 벌벌 떨었다면 혹은 시간이 가면 좋아질 것이라는 희망으로 오랜 시간 침묵했다면 아마 그 경험은 더 아픈 흔적을 남겼을 것이다.

그랬어도 아마 당신은 비난을 삼갔을 것이다. 루돌프의 여자 친구가 그러했듯이 일시적인 현상일 것이라며, 스트레스가 심해서 그럴 것이라며 마음을 다독였을 것이다. 실제로 동성애자 중에는 번아웃에 이를 때까지 극단적으로 일에 매달리는 일중독자가 많다. 자신이 이 사회에서 얼마나 가치 있는 존재인지를 주변 사람에게 입증하고 싶은 마음 때문일 것이다. 이런 과도한 일중독은 자신의 동성애 성향을 온전히 받아들일 수 없는 동성애자에게서 자주 목격되는 현상이다.

오해를 피하기 위해 한마디 덧붙이자면, 동성애 성향이 경계성 성격 장애의 원인이라는 말은 절대 아니다. 동성애는 이성애와 똑같이 건강과 질병의 모든 스펙트럼을 포괄한다.[4]

아마 루돌프도 자신의 성적 취향으로 인한 자존감 결

핍이 일에 매진하는 하나의 동기가 되었을 수 있다. 하지만 그런 사정이 결코 그녀의 과도한 공격성을 정당화하지는 못한다.

당신의 경우도 마찬가지일 것이다. 어쩌면 당신은 환자가 어쩌다 그런 충동적인 성향을 갖게 되었는지 짐작하고 있을 것이다. 심지어 정확한 원인을 알고 있을 수도 있다. 하지만 아무리 이해한다고 해도 언젠가는 선을 그어야 할 순간이 올 것이다. 무엇보다 자신을 보호하기 위해 선을 그어야 한다. 계속되는 폭력과 상처 주는 말들은 당신의 건강과 행복을 망가뜨릴 것이다. 더구나 초크의 사례에서 보았듯 끝까지 참기만 해서는 당신에게도 환자에게도 아무런 도움이 안 된다.

당신이 먼저 '스톱'을 외치지 않으면 환자는 자기 행동에 아무 문제가 없다고 확신하게 될 것이다. 따라서 더는 공격을 참지 않겠다는 당신의 결단은 환자에게 꼭 필요한 피드백이다. 운이 좋으면 환자가 각성해 태도를 바꾸려고 노력할 것이다. 더 잘 되어서 환자가 제 발로 심리치료를 받으러 갈 수도 있고, 마침내 분노의 원인을 깨달아 변화를 모색할 수도 있을 것이다.

'스톱'은 환자와 당신의 관계를 위해서도 꼭 필요한 일이다. 영원히 환자와 관계를 끊고 싶지 않다면 그의 행동이 얼마나 상처가 되고, 얼마나 관계를 망가뜨리는지 상대에게 알릴 필요가 있다.

그래서 다행히 환자의 행동이 달라질 수도 있겠지만 모든 환자가 그럴 것이라 기대해서는 안 된다. 당신이 그런 변화를 불러올 수 있다고 생각해서도 안 된다. 환자의 행동 변화는 다양한 요인에 달려 있다. 정신 장애가 어느 정도 중증인가, 자신이 경계성 성격 장애라는 사실을 환자가 알고 있는가, 환자가 심리치료를 받을 의지가 있는가, 환자가 당신을 얼마나 사랑하는가에 따라 달라지며 그 밖에도 다양한 환경요인이 환자에게 영향을 미친다.

어쩌면 당신 역시 루돌프의 여자 친구와 별반 다르지 않은 대답을 들을 수도 있다. 환자의 분노가 너무 견디기 힘들다는 당신의 절박한 호소에도 환자는 냉담하게 "꺼져! 너 같은 인간 필요 없어!"라고 말할지 모른다. 아예 그런 대답조차 못 들을 수도 있다.

그러니 아프더라도 당신이 관계를 끊는 편이 두 사람 모두에게 더 나을 것이다. 무엇보다 그런 파괴적인 관계가 가져오는 부담을 덜어 당신 자신을 보호할 수 있다. 또 어쩌면 자신도 모르는 사이에 환자를 도울 수도 있다. 심리치료를 받으러 온 경계성 성격 장애 환자 중에는 소중한 사람과의 이별이 너무나 큰 충격이어서 치료를 결심하게 되었다고 고백하는 경우가 적지 않으니 말이다.

○ 경계성 성격 장애 환자들은 실망을 잘 견디지 못한다.

○ 우리가 보기엔 아무것도 아닌 일인데도 환자는 심한 모욕감을 느끼며, 심하다 싶게 홍분하고 화를 낸다.

○ 이런 행동은 낮은 자존감 때문이다. 환자는 안 그래도 온종일 귓가를 맴도는 자기비판의 목소리 때문에 괴로워 죽을 것 같다. 그런데 거기에다 대고 누군가 지나가는 말로 툭 환자의 행동을 지적한다면 그 별것 아닌 말이 양동이를 넘치게 만드는 마지막 물방울이 되어 환자를 폭발하게 만드는 것이다.

○ 격한 공격적 반응은 가족과 친구에게 큰 부담이 된다. 특히 환자의 행동이 폭력적 성향을 띨 경우엔 실제로 위험한 일이 일어날 수 있다.

○ 갈등 상황에선 상황의 진정에 도움이 되는 모든 조치를 취할 필요가 있다.

○ 언제 양보하고, 언제 "더는 안 돼!"라며 선을 그어야 할까? 어렵고 힘든 줄타기이다. 경찰에 신고하는 것도 선을 긋는 한 가지 방법이다. 갈등이 오래 반복될 경우엔 더 이상의 사태 악화를 막고 당신의 안전을 지키기 위해 단호하게 관계를 끊을 필요도 있다.

7장

불안이 멈추지 않을 때

쉰네 살의 여성 릴리는 오래전부터(되돌아보면 청소년 시절부터) 불안에 시달려왔다. 물론 그런 기분을 불안이라고 생각해본 적은 없었다. 그녀에게 물어보면 절대 '불안'이라고 답하지 않을 것이다. 그저 무슨 일에도 확신이 없고 무기력하며, 남편과 아이들(15세와 17세)에게 표현했듯 "까마득한 저 아래로 굴러떨어지는" 기분이 들 때가 많았다.

그날도 그랬다. 그날 릴리네 가족은 휴가 계획을 세웠다. 여러 가지 여행 상품을 두고 온 가족이 신나게 의논하는데, 남편이 보니 아내가 이상하리만치 의욕이 없고 소극적이었다. 남편이나 아이들이 어떠냐고 물으면 이것도 괜찮다, 저것도 괜찮다 고개를 끄덕였지만 막상 결정을 내리려고 하면 온갖 핑계를 대며 방해했다. 그러다 결국 자기는 여행을 가지 않겠다고 발을 뺐다.

예약해야 할 시점이 다가올수록 릴리는 안절부절못했고 눈에 띄게 불안해했다. 남편이 대체 뭐가 그리 불안하냐고 물으면 대답할 말이 없었다. 처음에는 오히려 내가 언제 불안해했냐고 반박했고 남편과 아이들이 선택한 그 섬이 왜 적당한 휴가지가 아닌지 이런저런 이유를 끌어다 댔다. 최종 결정을 앞둔 날 밤, 그녀는 울음을 터뜨리며 자기는 절대 가지 않겠다고 선언했다. 집을 떠나지 못하겠다는 것이었다. 남편이 이유를 물었지만 아무런 대답도 할 수 없었다. 그녀가 할 수 있는 말은 이 한마디가 전부였다.

"못 견딜 거야."

남편은 걱정하지 말라고, 무사히 다녀올 수 있을 거라고 아내를 달랬다. 불안을 이기도록 옆에서 자신이 열심히 돕겠노라고 말했다(이때만 해도 남편은 아내의 불안이 비행공포증인 줄 알았다). 아내가 공황 반응을 보이고 결사반대했음에도 남편은 다음 날 여행사에 예약을 했다. 남편은 일단 이것으로 되었다고 믿었다. 아내도 불안을 이겨냈는지 상당히 진정이 되었다. 하지만 여행을 떠나기 일주일 전 아내의 불안이 다시 도졌다. 이번에는 정도가 더 심했다. 아내는 울면서 못 가겠다고 호소했고, 다른 가족들도 가지 말라고 말렸다.

아내의 이런 반응에 남편은 정말 짜증이 났다. 온 가족이 그토록 바라던 휴가였다. 몇 년 전부터 그리스 섬으로 떠나는 이 휴가를 고대하고 또 고대했다. 지금까지 별말 않던 아이들도 짜증스러운 심정을 감추지 않았고 "호들갑 떨지 말라"며 엄마를 질책했다. 가족의 이런 반응에 릴리는 죄책감이 드는 한편 아무도 자기 마음을 몰라주는 것 같아 원망스럽고 화가 났다.

상태가 악화되자 남편은 아내에게 병원에 가보자고 말했다. 가정의학과 선생님의 추천으로 찾아간 정신과에서 의사는 여행까지 며칠밖에 안 남았으므로 방법은 하나뿐이라며 불안을 잠재우는 안정제를 처방해주었다. 하지만 처방전을 건네면서 몇 번이나 비상시 꼭 필요할 때에만, 가령 출발 직전이나 휴가지에서 참을 수 없을 정도로 불안이 심해질 경우에만 복용해야 한다고 신신당부했다. 이런 약은 중독 위험이 있으므로 복용에 주의해야 하며, 여행에서 돌아오면 꼭 심리치료를 받고 불안의 원인을 찾아보자는 말도 잊지 않았다.

약은 정말 효과가 대단했다. 그녀는 눈에 띄게 차분해졌고 몸도 마음도 건강해졌다. 그녀가 편안해지니 온 집안이 편안해졌다. 릴리는 '꼭 필요할 때에만' 복용하라는 의사의 당부를 깡그리 무시했다.

다행히 그리스 휴가는 아무 문제 없이 지나갔다. 집으로 돌아오자 릴리는 당장 정신과 의사에게 전화를 걸어 약을 더 처방해줄 수 없겠냐고 물었다. 의사는 놀라서 그 약을 벌써 다 먹었냐고 물었다. 릴리는 그렇다고 대답했고 정말 "대단한 약"이라며 "불안이 완전히 사라졌다"고 칭송을 늘어놓았다. 휴가 내내 복용했고, 휴가가 끝날 무렵엔 효과가 떨어져서 복용량을 좀 늘렸다고 말이다. 정신과 의사는 그녀에게 한시바삐 병원으로 와서 자신과 상담해야 한다고 말했다.

상담 시간에 릴리는 약을 장복할 경우 중독의 위험이 있고 그녀의 문제는 약으로 해결이 안 되므로 심리치료가 반드시 필요하다는 의사의 말을 묵묵히 다 들었다. 그러고는 마뜩잖은 듯 고개를 저으며 이렇게 말했다.

"약을 처방해주세요. 약 없으면 못 살아요."

의사는 다시 주의를 주고 당부했지만 그녀가 계속 애걸하는 바람에 하는 수 없이 약을 처방해주었다. 하지만 처방량을 대폭 줄였고, 이제부터 서서히 복용량을 줄여야 하며 반드시 심리치료를 시작해야 한다고 강조했다. 릴리는 여전히 미심쩍다는 표정을 지우지 못한 채 이렇게 대답했다.

"집에 가서 고민해보고 필요하면 다시 연락드리겠습니다."

의사는 방을 나서는 그녀의 등에다 대고 이번이 끝이며, 더는 처방해줄 수 없다는 말을 던졌다.

그날 밤 릴리는 퇴근한 남편에게 병원에 다녀온 이야기를 했다. 약을 조금밖에 안 준 의사를 책망하면서 의사가 몇 번이나 강조한 중독의 위험성은 말하지 않았다.

"몇 번이나 상담을 권하더라고. 아무리 그래도 난 안 넘어가. 무슨 상담이야?"

남편도 아내의 말에 맞장구를 쳤다. 중독의 위험은 까맣게 모른 채 약의 효과만 굳게 믿었기 때문이다.

그녀는 당장 다음 날 가정의학과에 전화를 걸어 불안 약을 처방해달라고 부탁했다. 의사는 깜짝 놀라 왜 그 약을 찾느냐고 물었다. 그러면서 일단 증상을 들어보고 판단해야지 무조건 약을 처방해줄 수는 없다고 말했다. 릴리는 마지못해 병원에 진료 예약을 했다.

며칠 후 찾아간 가정의학과에서도 의사는 정신과 의사와 마찬가지로 중독의 위험을 언급했고 이런 약은 정말로 '위급할 때', 가령 비행기를 타야 하는데 몹시 불안할 때에만 복용해야 한다고 설명했다. 약을 처방받기 위해 릴리는 온갖 노력을 다했으나 의사는 자신은 절대 그 약을 처방해줄 수 없다고 단호하게 말했다. 잔뜩 화가 난 릴리는 진료실을 박차고 나와버렸다.

더는 약을 구할 수 없게 되자 격심한 불안이 몰려왔다. 남편은 그 약이 불안을 억제하는 약이 아니라 아예 치료하는 약이라고 믿었던 터라 전혀 달라지지 않은 아내의 상태를 보고 몹시 놀랐다. 그가 보기엔 예전보다 불안이 더 심해진 것 같았다. 그는 아내에게 다시 한번 정신과를 찾아가 보라고 설득했다. 하지만 릴리는 남편의 말에 화만 냈고, 어느 날은 이런 말까지 했다.

"이젠 당신까지 날 정신병자 취급이야? 그래, 날 처치해

버리고 싶겠지. 정신병원에 처넣어버리면 두 번 다시 안 봐도 될 테니까."

3주가 지나자 릴리의 상태는 매우 심각해졌다. 집 밖을 나갈 수조차 없었고, 온종일 벌벌 떨며 남편과 아이들에게 매달렸다. 그녀도 어쩔 수 없었는지 결국 남편과 함께 정신과를 찾아갔다.

의사는 그녀에게 불안 완화 성분이 함유되었지만 중독은 일으키지 않는 항우울제를 처방했다. 동시에 심리치료를 시작하여 불안의 배경을 추적하고 그녀와 함께 불안 대처 방안을 모색했다. 첫 상담 시간에는 남편도 불러 가족 전체의 상황에 관해 이야기를 나누었다. 의사는 남편에게 두 아이 역시 지난 몇 달 동안 어머니의 질환으로 큰 고통을 겪었을 것이라고 설명했다.

의사는 가족 전체의 상담을 권했다. 실제로 아이들은 아빠의 생각과 달리 오래전부터 엄마의 불안을 알았고 엄마의 과도한 걱정 때문에 숨이 막혔다고 털어놓았다. 그뿐이 아니었다. 아이들도 엄마처럼 불안에 떨고 있었고 인간관계에서 갈등이 생기면 숨으려고만 했다. 미래를 바라보는 관점도 매우 불안하고 염세적이었다. 남편은 가족 상담 결과에 큰 충격을 받았다. 아내의 불안과 공포가 아이들에게 얼마나 큰 영향을 미쳤는지 이제야 깨달은 것이다.

1장에서 설명했듯 경계성 성격 장애 환자의 주요 증상 중 하나는 불안이다. 이들의 불안은 특별한 성격을 띤다. 불안 장애 환자는 특정 상황이나 대상을 기피하고, 스스로 그 상태를 불안으로 인식하고 인정한다. 그와 달리 경계성 성격 장애 환자가 (종종 매우 희미하게) 느끼는 불안은 소멸 공포fear of annihilation의 성질을 띤 실존적 불안이다.

이런 실존적 공포를 느낄 때 환자에게 어떤 기분이 드냐고 물어보면 땅이 푹 꺼지면서 까마득한 저 아래로 굴러떨어지는 것 같다고 대답한다.

릴리 가족의 사례는 경계성 성격 장애로 인해 심한 불안에 시달리는 사람에게서 목격할 수 있는 전형적인 상황이다. 릴리를 괴롭히는 불안은 좁은 방, 대규모 모임, 거미, 동물 같은 특정 상황에서만 불안을 느껴 그 상황을 기피하는 불안증과는 다르다. 겉보기에는 아무것도 아닌 일로 인해 불거지는 실존적 공포에 더 가까우므로 환자는 그것을 불안이라기보다는 중대한 위험으로 인지한다.

릴리 가족의 가족 상담 결과는 그런 공포가 주변 사람에게 얼마나 치명적인 영향을 미치는지를 입증한다. 여행을 앞두었을 때와 약을 끊었을 때 날로 심해진 아내의 불안은 남편에게도 큰 불안과 무력감을 안겨주었다. 예전에도 아내는 걸핏하면 정신을 놓았지만 남편은 여행을 계획하면서 비로소 아내의 장애가 심각하다는 사실을 깨달았다. 동시에 그가 해줄 수 있는 것이 별로 없다는 사실도 알게 되었다. 아내를 진정시키려고 무진 애를 썼지만 별 소득이 없었고 오히려 아내는 남편이 자신의 불안을 별일 아닌 것으로 치부한다며 화를 냈다.

아이들에게 미친 영향은 더 심각했다. 아이들은 사사건건 걱정하고 불안해하는 엄마 밑에서 자랐다. 그 결과 가족 상담에서 고백했듯 엄마의 걱정 때문에 숨이 막혔다. 추가 상담에서는 엄마의 행동이 아이들에게로 전염되어 아이들 역시 매사 불안하고 소극적이며 인간관계도 원만하지 않다는 사실이 드러났다.

그럼에도 경계성 성격 장애 환자에게 책임을 전가하는 것은 옳지 않다. 사례에서도 알 수 있듯 보통은 환자 자신 역시 불안에 속수무책이며, 자신의 불안이 주변으로 '전염' 된다는 사실을 전혀 깨닫지 못한다. 따라서 환자에게 '죄' 를 뒤집어씌우면 죄책감만 더해질 것이고, 이렇게 부담이 늘어나면 질병이 더 악화될 수 있다.

환자의 가족이나 친구인 당신은 환자의 불안이 당신에게도 영향을 미칠 수 있다는 점을 유념해야 한다. 또한 자신은 물론이고 다른 가족을 최대한 보호하려고 노력해야 한다. 다시 말해 환자가 전문적인 도움을 받을 수 있도록 용기를 북돋아 주고, 필요하다면 릴리의 남편처럼 함께 병원에 가주어야 한다.

가족 문제로 당신도 장기간 힘이 들고 마음이 피폐해 졌다면 당신 역시 전문적인 도움을 청할 필요가 있다. 특히 경계성 성격 장애 환자와 같이 사는 아이들의 경우엔 치료가 더 필요할 수 있음을 유념해야 한다. 아이들은 보호자의 영향을 많이 받기 때문에 이들을 보호하고, 필요할 경우 심리치료를 받게 해야 한다. 그런 조치 없이 오랜 시간 경계성 성격 장애 환자 부모 밑에서 성장한다면 아이들마저 정신 장애를 겪을 위험이 있다.

릴리처럼 경계성 성격 장애 환자가 심각한 불안에 시달릴 경우 약물중독에 빠지기 쉽다. 특히 효과가 빠른 불안 해소용 약물은 중독 가능성이 높아서 단기간 복용에도 심리적·신체적 중독을 일으킬 수 있다. 그렇게 되면 다른 중독 물질이 그러하듯 자꾸 복용량을 늘릴 것이고, 그로 인해 점점 더 깊은 중독의 수렁으로 빠질 것이다.

약물을 끊으려 하면 불안이 다시 격심해지기 때문에 환자는 어쩌지 못하고 약을 먹게 된다. 더구나 갑작스럽게 복용을 중단하면 술을 끊었을 때처럼 간질 발작을 일으키거나 심한 신체적·정신적 문제가 불거질 수 있다. 따라서 약물 복용을 중단할 경우 **반드시 의사와 상의해가면서** 단계적으로 진행해야 한다.

가족 또한 절대 술이나 약을 하루아침에 끊으라고 종

용해서는 안 된다. 먼저 의사나 치료사를 찾아가 상담하라고 권해야 한다.

이런 전문가들은 항우울제나 신경이완제처럼 중독 가능성이 없어서 언제라도 복용을 중단할 수 있는 다른 약품을 처방해줄 것이다. 하지만 환자도 가족도 끈기와 인내가 필요하다. 항우울제와 신경이완제는 항불안제와 달리 효과가 빠르지 않다. 대부분 효과가 완전히 발휘되려면 2~3주가 걸린다.

○ 경계성 성격 장애 환자의 불안은 소멸 공포의 성격을 띤다. 환자는 불안을 실존의 위협으로 느낀다.

○ 아무리 소소한 부담도 공황과 같은 불안 증상을 일으킬 수 있다.

○ 계속되는 불안은 환자 자신은 말할 것도 없고 주변 사람들에게까지 악영향을 미친다.

○ 심한 경우 환자의 불안은 가족 전체, 나아가 친구와 지인들에게까지 괴로움을 안긴다.

○ 부모 한쪽이 경계성 성격 장애 환자인 경우 그 자녀들 역시 부모의 불안에 '전염'되어 원만한 인간관계를 맺지 못하는 소극적이고 불안한 사람으로 성장할 위험이 높다.

○ 불안은 반드시 전문적인 치료를 받아야 한다. 그렇지 않을 경우 만성화할 위험이 높아서 환자는 점점 더 외톨이가 된다.

○ 불안 환자는 자구책으로 술이나 안정제 같은 중독 물질을 소비할 위험이 높다. 하지만 그런 물질의 효과는 일시적일 뿐, 중독이라는 더 큰 문제를 몰고 온다.

○ 약물 복용을 중단하려면 반드시 의사와 상담해야 한다. 의사는 중독 가능성이 있는 약물 대신 중독성이 없는 항우울제나 신경이완제를 처방할 수 있다.

8장

그의 말이 곧 법이다

시작은 여느 커플과 다를 바 없었다. 슈투트가르트의 한 무역 회사에서 사장 비서로 일하는 30대 초반의 아나는 프라이부르크의 건축 회사에서 건축사로 일하는 30대 중반의 얀을 카나리아제도의 아름다운 섬 그란카나리아에서 만났다. 두 사람 다 휴가를 온 참이었다. 배정된 호텔 식당 좌석이 나란히 붙어 있어서 두 사람은 매일 저녁 식사 때마다 만났고, 어느 사이 대화를 나누게 되었다. 아나는 얀에게 호감을 느꼈고 얀 역시 기회가 생길 때마다 아나 곁을 맴돌았다. 그녀를 위해 호텔 수영장 선베드를 미리 맡아주었고 풀장 바에서 커피와 과일을 가져다주었으며 셋째 날 밤에는 같이 클럽에 가자고 했다.

아나는 얀의 관심이 싫지 않았다. 그란카나리아의 동식물에 관해 모르는 것이 없는 그의 박식함에도 감동했다. 그녀는 처음이었지만 그는 벌써 여러 번 이 섬에 휴가를 왔다고 말했다. 하루는 얀이 갑자기 전화를 걸어와 내일 차를 빌렸으니 같이 섬 구경을 가자고 제안했다. 둘이 함께한 시간은 쏜살같이 흘러갔다. 해가 지고 호텔로 돌아온 아나는 감사의 뜻으로 얀의 뺨에 입을 맞추었다.

훗날 그 장면이 떠오를 때면 그녀는 당시 자신의 마음이 어땠는지 기억나지 않았다. 하지만 그 순간 뭔가 설명할 수 없는 불안을 느꼈다는 사실만은 똑똑히 기억했다. 숨이 쉬어지지 않는, 가슴이 답답하고 질식할 것만 같은 기분이었다. 그러나 그녀는 그 기분을 무시했다. 심지어 다음 날엔 그녀에게 이렇게 잘해주는 얀에게 그런 기분을 느끼다니 자신이 나쁘다고 자책했다. 하지만 1년 후 둘의 관계가 심각한 위기에 빠졌을 때 다시 그날의 장면이 떠올랐고, 그제야 그녀는 그란카나리아에서 자신이 본능적으로 느꼈던 그 불안이 얼마나 많은 의미를 담고 있었는지 깨달았다.

함께 섬 투어를 마치고 며칠 후 마침내 집으로 돌아갈 시간이 되었다. 두 사람은 앞으로도 만남을 계속 이어가자고 약속했다. 얀이 작별 인사를 건네며 당연한 듯 말했다.

"그럼 다음 주말은 우리 집에서 보내자. 당신이 프라이부르크로 와."

아나는 얀이 먼저 자기 집으로 와주리라 기대했지만 얀이 자신의 집을 꼭 보여주고 싶은가 보다 생각하며 섭섭한 마음을 애써 달랬다.

하지만 얀은 주말마다 아나가 프라이부르크로 오는 것을 당연하게 생각했고, 얼마 후엔 같이 보내는 시간을 늘리기 위해 아나에게 금요일 밤에 와서 월요일 아침에 돌아가라고 졸랐다. 아나는 직장 때문에 금요일에 와서 월요일에 돌아가는 건 불가능하다고 대답했다. 더불어 얀이 자신의 집으로 한번 와주면 좋겠다고 부탁했다. 그녀의 부탁에 얀은 매우 불쾌하다는 반응을 보였다.

"왜? 우리 집이 마음에 안 들어? 난 당신이 날 사랑한다고 생각했는데. 사랑하면 당연히 더 오래 같이 있고 싶은 거 아냐? 당신은 안 그런가 보네. 난 당신더러 아예 우리 집에 들어오라고 할 참이었는데. 이 정도 큰 집이면 둘이 사는 데 아무 지장 없고, 매일매일 같이 있을 수도 있고, 누가 누구한테 가니 마니 싸우지 않아도 될 테고 말이야."

얀이 그 정도로 자신과의 관계를 진지하게 생각하고 있었다니 아나는 한편으로는 기분이 좋았다. 하지만 또 한편으로는 그렇게 중요한 일을 아무 의논도 없이 혼자 결정하려 했다는 것이 좀 섭섭했다. 그녀는 지금 직장이 무척 좋았다. 그래서 조심스럽게 그에게 마음을 전했다.

"그렇게 말해주니 정말 고마운데, 당신 생각처럼 그렇게 간단한 문제는 아닌 것 같아. 난 지금 다니는 직장이 정말 마음에 들거든. 그런 직장을 아무 대책 없이 하루아침에 그만둘 수는 없어."

얀이 차갑게 대답했다.

"아, 그런 거였어? 그랬군. 당신의 그 알량한 타자수 일자리가 우리 사랑보다 중요한 거였어. 그렇다면 일을 택해야지. 우리는 그만 끝내고."

아나는 번개 맞은 사람처럼 멍해졌다. 눈치 보며 조심스럽게 꺼낸 자신의 대답에 얀이 열광적으로 찬성하리라 기대한 것은 아니지만 이런 식의 반응은 단 한 번도 생각해보지 못했다. 그녀는 어떻게 대답해야 할지 몰라 멍하니 그를 쳐다보았고, 무엇보다 비아냥과 조롱(당신의 그 알량한 타자수 일자리)이 담긴 그의 말에 큰 상처를 받았다. 그녀는 울먹이며 대답했다.

"우리 관계를 의심해본 적은 단 한 번도 없어. 하지만 당장 사표를 던질 수는 없잖아. 그건 당신이 이해를 좀 해줬으면 좋겠어. 나도 당연히 당신하고 같이 살고 싶지. 당신이 원한다면 프라이부르크라도 좋아. 하지만 그렇게 서두를 건 없잖아."

"우리가 계속 만날지 말지는 당신한테 달렸어."

얀은 냉정하게 이 한마디를 던지고는 방을 나가버렸다. 아나는 쾅 하고 닫히는 현관문 소리를 들었고, 얀은 밤이 깊어서야 집으로 돌아왔다. 그의 마음을 달래려고 무척 애를 썼지만 그는 들은 척도 하지 않고 침대에 들어가 보란 듯 아나에게 등을 돌린 채 잠이 들어버렸다.

얀과 헤어지기 싫었던 아나는 다음 날 아침 당장 프라이부르크에서 일자리를 알아보겠다고 약속했다. 그는 이렇게 대꾸했다.

"이제야 제정신이 돌아왔군. 앞으로는 두 번 다시 내 앞에서 그런 헛소리 지껄이지 마. 용서하지 않을 거야."

다행히 아나는 한 달 안에 프라이부르크의 한 사무실에 일자리를 구했다. 슈투트가르트의 직장에 비하면 임금과 환경이 형편없는 수준이었지만 어쨌든 먹고살 수는 있는 돈이었으므로 얀의 집으로 이사하기로 결정했다.

그런데 다시 문제가 불거졌다. 슈투트가르트의 집이 워낙 작아서 챙겨올 짐이 많지 않았지만 아나에게는 어머니께 물려받은, 소중한 앤티크 가구가 몇 점 있었다. 그걸 어디에 두면 좋겠냐는 아나의 질문에 얀은 황당하다는 표정으로 그녀를 쳐다보았다.

"지금 그걸 이 집으로 끌고 오겠다는 말이야? 버려. 아니면 중고 가게에 팔던지. 누가 사주기나 할지 모르겠지만. 어쨌든 절대 우리 집은 안 돼."

얀의 반응에 아나는 큰 상처를 받았다. 그 가구는 돈이 문제가 아니라 어머니 유품이라서 정말 소중한 것이라고 말했다. 하지만 얀은 칼날 같았다.

"불쌍한 척하지 마. 그리고 당신 엄마가 나랑 무슨 상관

이야? 버리든 말든 그건 당신이 알아서 할 일이지만 이것만은 명심해. 이 집에 끌고 들어올 생각일랑 절대 하지 마."

아나는 다시 이런저런 말로 얀의 마음을 돌리려 했지만 아무 소용이 없었다. 그는 자기 가구를 가져오겠다는 아나의 생각이 "뻔뻔하다"고 주장했다. 결국 아나는 가구를 언니네 집에 잠시 맡겨두기로 했다.

하지만 그것은 시작에 불과했다. 얀은 아나에게 사사건건 간섭하기 시작했다. 둘이 같이 모임에 가는 날이면 아나가 입을 옷을 얀이 직접 골랐고 아나가 누구와 만날지도 얀이 정했다. 둘이 영화를 보러 갈 때도 어떤 영화를 볼지는 얀이 결정했다.

잠시 혼자 시간을 보내려고 애를 써봐도, 심지어 주말에 언니네 집에 가는 것까지도 얀은 화를 내며 반대했다. 그의 말은 한결같았다.

"그렇게 나랑 있기 싫거든 언니네 집으로 가든지. 난 당신 없어도 혼자 잘 살아."

특히 아나가 다른 남자 이야기를 할 때면, 아나와 무슨 관계이든 상관없이 무조건 화를 냈다. 아나가 새 직장에 출근하자마자 얀은 그 회사에 남자가 몇 명이나 있는지 꼬치꼬치 캐물었다. 남자라고 해봤자 사장님과 동료 직원 한 사람뿐이라는 그녀의 말에도 얀은 "절대 가까이하지 말라"며 경고했다.

아나가 동창회를 앞두고 학창 시절 친구들이 보고 싶다고 말했을 때도 얀은 질투심에 불타서 비아냥거렸다.

"그저 남자 생각뿐이군."

아나가 동창회에 나가기로 했다고 말하자 얀는 분노의 불길을 내뿜었다.

"그래. 내 생각이 맞았어. 그저 그놈들이랑 침대에 들어갈 생각뿐인 거지. 동창회? 동창회 좋아하네. 처음부터 알아봤어. 넌 남자만 봤다 하면 껄떡대는 여자야."

매일매일 얀에게 이런 욕설과 모욕을 듣다 지친 아나는 결국 친구에게 동창회에 가지 않겠다고 알렸다. 얀의 반응은 더 기가 막혔다.

"봐. 내 말이 맞지? 내가 딱 눈치채니까 겁나서 안 가겠다고 한 거지?"

그란카나리아에서 부담 없이 시작된 만남은 이제 도저

히 빠져나갈 길 없는 감옥이 되어버렸다. 얀은 아나의 일거
수일투족을 감시했고 아나가 그의 말에 완전히 복종할 때만
아나를 들볶지 않았다.

당신이 지금껏 경계성 성격 장애 환자와 별 접촉 없이 살아왔다면 아나와 얀의 관계가 좀 심하다고 생각할 수 있다. 얀처럼 상대의 의견을 묵살하고 제멋대로 하는 인간이 실제로 있을까, 의심이 들 것이다. 아나는 왜 저런 대접을 받고도 같이 사는 것일까, 납득이 가지 않을 것이다. 아나는 왜 얀과 헤어지지 않을까? 얀이 아나의 입장은 전혀 고려하지 않은 채 무조건 자기 집으로 들어오라고 했을 때 이미 답은 나와 있었다.

하지만 경계성 성격 장애 환자를 가족이나 친구로 둔 사람이라면 이미 그 비슷한 상황을 많이 겪었을 것이고, 바로 이 같은 질문을 벌써 수도 없이 자신에게 던졌을 것이다. 왜 그렇게 오래 참고 살았던가? 왜 더 일찍 관계를 끊지 않았을까? 가족, 친구라는 사람이 나를 이용해 먹었다. 그런데도 나는 왜 그 오랜 세월 동안 이 사실을 몰랐을까? 당신은 자신의 '나약함'과 '어리석음'이 부끄러울 것이고 자신의 행동이 후회스러울 것이다.

하지만 그런 상황에서 자책은 옳지 않다. 수치심과 자책은 상황을 더 악화시킬 뿐이다. 아나와 얀의 사례가 보여주듯 상대의 '점유'는 하루아침에 일어나는 일이 아니라 조금씩 조금씩 진행된다. 그래서 아무것도 모르고 있다가 어느 날 정신을 차려보면 그렇게 매력적이고 다정했던 사람이 자신을 옥죄는 올가미가 되어 있는 것이다. 여행지에서 부담 없이 만난 사랑이 개성을 무참히 짓밟는 족쇄로 변한 아나의 경우처럼 말이다.

그렇다면 경계성 성격 장애 환자는 과도한 권력욕으로 상대를 정복하려는 사람인 걸까? 자신은 강하고 힘이 세기 때문에 상대는 무조건 자신에게 복종해야 한다고 믿는 그런 사람들일까? 그렇지 않다. 경계성 성격 장애 환자는 이와는 정반대되는 성향을 지녔다. 가족이나 파트너를 붙들어두려는 욕망은 엄청난 불안, 상대가 없으면 자신은 아무

것도 아니라는 느낌 때문에 생겨난다. 자기 확인을 위해 가족이나 파트너가 필요한 것이다. 따라서 따지고 보면 오히려 그가 당신에게 완벽하게 의존하는 셈이다.

환자는 당신을 손아귀에 틀어쥐고 관계의 감옥에 가둠으로써 마음의 안정을 찾으려 애쓰지만 결국 자신도 그것이 아무 소용 없는 노력이라는 사실을 항상 느끼고 있다. 마음의 안정이란 억지로 다른 사람을 옆에 둔다고 해서 얻어지는 것이 아니다. 얀의 사례에서도 알 수 있듯 그런 행동은 오히려 역효과를 낳는다. 견디기 힘들 만큼 옥죄고 감시하는 통에 가족이나 친구가 언젠가는 관계를 끊고 도망칠 것이기 때문이다.

극단적이기까지 한 이런 의존성은 경계성 성격 장애 환자가 아동기와 청소년기에 믿을 수 있는 정서적 관계를 경험하지 못했기에 생겨난다. 그래서 이들은 늘 사랑받지 못하고 혼자 남을 것이라는 불안에 시달리고, 접촉하는 모든 사람을 불신한다. 가족 혹은 파트너인 당신은 그가 과거에 얻지 못했던 것을 모조리 채워주어야 한다. 극도의 기대로 관계를 가득 채우고, 당신과 한시도 떨어지지 않으려 하며, 인정과 칭찬을 바라는 이들의 욕심은 밑 빠진 독과 다름없다.

아나처럼 자신이 불행한 관계로 자꾸 빠져들어 가고 있음을 깨닫는 순간, 당신은 무엇을 할 수 있을까? 당신을 손아귀에 넣으려는 상대의 욕심을 조기에 깨달을 수 있다면 그나마 구원의 가능성은 있다. 방법은 간단하다. 싹을 잘라라! 당신의 대응에 환자가 긍정적인 반응을 보인다면 관계는 바람직한 방향으로 발전할 수 있을 것이다. 하지만 상대가 얀처럼 무조건 당신이 복종하기만을 고집한다면 한 번 더 이 관계에 기회를 주는 것이 과연 옳은지 진지하게 고민해야 한다. 상황에 따라서는 당장 브레이크를 거는 것이 옳다. 그래야 당신 자신은 물론이고 상대 역시 쓸데없는 고통에 휘말리지 않는다.

당신의 결단은 환자에게도 도움이 된다. 환자가 당신과의 갈등을 계기로 전문적인 도움의 필요성을 깨달을 수 있으니 말이다. 특히 당신을 향한 환자의 마음이 깊어서 절대로 당신을 잃고 싶지 않다면 환자는 변화를 위해 적극 노력할 것이고 전문가에게 도움을 청할 가능성도 높다.

이미 환자와의 관계에 깊이 얽혀들어 피해를 입을 위험이 있다면 당신 역시 도움을 청해야 한다. 특히 자력으로는 도저히 관계의 감옥에서 빠져나올 수 없다고 판단될 때는 반드시 제삼자에게 도움을 청해야 한다. 제삼자는 보다 객관적인 시선으로 현실적인 평가를 내릴 수 있으므로 당신에게 큰 도움을 줄 것이다.

그럼에도 관계가 계속 악화되어 당신이 느끼는 고통이 심각해진다면 반드시 전문가에게 문의해야 한다. 경계성 성격 장애 환자는 주변 사람들에게 엄청난 압력을 행사하고, 주변 사람들이 그것을 견디지 못해 거리를 취하려고 하면 죄책감을 부추겨 그들을 꼼짝 못 하게 만든다. 혹시 당신도 지금 그런 상황일지 모른다. 궁지에 몰린 기분, 무엇을 해도 내 잘못이고 까딱하다가는 큰일이 터질 것 같은 불안한 마음이 들지도 모른다. 만일 그렇다면 명심하라. 외부의 도움 없이는 절대 그 관계의 감옥에서 빠져나올 수 없다. 어서 전문가에게 도움을 청하라.

요점 정리

○ 경계성 성격 장애 환자는 파트너에게 완벽한 복종을 요구한다.

○ 도가 심해지면 관계가 온종일 감시를 받는 감옥으로 변할 수 있다.

○ 파트너에게 권력을 휘두르고 싶은 이들의 욕망은 낮은 자존감에서 나온다.

○ 이런 종류의 파괴적인 관계를 최대한 빨리 깨닫고 상대에게 '나는 이런 관계를 맺고 싶지 않다'는 사실을 알려야 한다.

○ 서로를 향한 마음이 크다면 환자도 심리치료를 받는 등 파괴적인 관계 패턴을 바꾸기 위해 노력할 것이다.

○ 당신 자신이 큰 고통을 겪고 피해를 입을 위험이 있다면 반드시 거리를 취하고 전문가에게 도움을 청해야 한다.

9장

너와 나는 일심동체

30대 후반의 교사 마이네르트는 직장에서나 가
정에서나 다정한 사람으로 소문나 있다. 누구라도 고민을 털
어놓으면 열심히 들어주고 조언을 아끼지 않기 때문이다. 하
지만 그녀와 나누는 대화는 매번 비슷한 패턴으로 진행된다.
처음에는 그녀가 관심을 갖고 이런저런 질문을 던져가며 온
신경을 다해 상대의 말에 귀 기울인다. 그러다가 시간이 조
금 지나면 이런 말로 상대의 말을 잘라버린다.

　　"알았어. 문제가 뭔지는 알았어."

　　그러고는 상대의 말은 더 들어볼 생각도 하지 않고 자기
생각을 늘어놓기 시작한다. 그녀의 연설은 결국 문제 해결
방안을 상세히 지시하는 것으로 막을 내린다.

상대가 자신의 문제를 더 설명하려고 아무리 애를 써도 그녀는 여지없이 잘라버린다.

"더 들을 필요 없어. 그만하면 알아들었어."

대화가 이 단계에 접어들면 그녀는 어떤 반박도 허용치 않는다. 상대가 눈치 없이 그녀의 충고에서 조금이라도 벗어나는 의견을 내놓으려 들 경우 그녀의 반응은 더 격해진다.

"그렇게 잘 알면서 나한테 물어보기는 왜 물어봐? 내가 시키는 대로 하지도 않을 거면서 뭐 하러 나한테 물어보냐고."

그래도 여전히 상대가 그녀의 의견에 전적으로 복종하지 않고 자신의 의견을 고수할 경우 그녀는 아예 대화를 중단해버리고 만다.

어느 날 마이네르트의 남자 친구가 그녀의 오빠에게 하소연했다.

"고집이 어쩌나 센지 한 발자국도 양보를 안 해요."

오빠는 이해한다는 듯 고개를 끄덕였다.

"그 마음 나도 충분히 알지. 어릴 때부터 그랬거든. 자기말이 곧 법이야. 자기 말을 안 들으면 당장 난리가 났어. 근데 날이 갈수록 더 심해지는 것 같아."

오빠는 그 말을 하면서 예전 기억을 더듬었다.

"말을 하다 보니 생각났는데, 그게 사람한테만 그런 게 아니라 동물한테도 그랬다니까. 우리 집에 개가 한 마리 있었는데 동생이 엄청나게 예뻐했거든. 틈만 나면 데리고 놀고 밤에 잘 때도 침대에서 데리고 자고. 부모님도 말리지 못했어. 침대는 안 된다고 야단을 치면 모두 잠들 때까지 기다렸다가 몰래 자기 방으로 데리고 들어갔으니까. 심지어 강아지하고 자기는 일심동체라고, 서로의 생각과 기분까지 다 안다고 말했을 정도야."

오빠는 고개를 절레절레 저었다.

"그게 다가 아냐. 강아지를 무슨 아기처럼 안고 다니면서 절대 땅에 내려놓지를 않았어. 그러다 보니 활달하던 강아지가 날이 갈수록 뚱뚱해지고 게을러졌지. 근데 내 눈에는 그 강아지가 행복해 보이지 않았어. 동생이 바라니까 하는 수 없이 팔에 안겨 있는 것 같았거든. 그러다가 어느 날엔 아예 산책도 가지 않으려 했어. 그런데 희한하게도 그 시기가 여동생이 체육 시간에 무릎을 다쳐서 꼼짝 못 하던 시기와 딱

겹쳤던 거지. 여동생은 강아지가 자기 마음을 다 안다고 기특해했고, 우리는 무슨 말도 안 되는 헛소리냐며 비웃었지만 뭔가 좀 섬뜩했어. 둘 사이에 보이지 않는 이상한 끈이 있었던 게 아닌가 싶어서 말이야. 지금 생각해도 기분이 이상해."

이처럼 그녀의 행동으로 가족들까지도 어려움을 겪었으니 남자 친구는 더 말할 것이 없었다. 그는 몇 달 전 이탈리아어 학원에서 그녀를 알았다. 그가 먼저 그녀에게 반해서 한참 동안 쫓아다녔다. 만남을 승낙한 후에도 그녀는 절대 자기 의견을 굽히는 법이 없었고, 명백히 틀린 논리임에도 끝까지 고집을 꺾지 않았다.

처음에는 그녀의 그런 자신만만한 모습이 마음에 쏙 들었다. 남자 친구는 그것을 자기 확신의 표현이라고 해석했다. 하지만 시간이 가면서 그녀의 태도가 속박으로 느껴졌고 너무 독재적인 것 같았다. 어떤 결정을 내리든 그녀는 자기 주장을 굽히지 않았고, 아무리 사소한 일도 자기 뜻에 따르라고 강요했다. 여행지나 호텔 선택은 말할 것도 없고 무엇을 먹을지, 어떤 영화를 볼지, 어떤 드라마를 볼지도 그녀가 선택했다. 정치나 사회 문제를 두고 토론을 벌일 때도 의견은 그녀의 것, 단 하나뿐이었다. 그녀 앞에서 다른 의견을 꺼내는 것은 애당초 불가능했다. 그녀는 남자 친구의 의견을 무시하거나 (남자 친구가 단호하게 나올 경우) 화를 내며 입에 담을 수 없는 욕을 퍼부었다.

그러니까 마이네르트는 조금이라도 다른 생각과 의견을 절대 참지 못하는 사람이었다. 심지어 남자 친구가 사실은 자신과 의견이 같으면서 괜히 자신을 괴롭히려고 일부러 어깃장을 놓는다며 비난했다.

하나가 되고 싶은 그녀의 바람은 완벽한 일심동체를 요구하는 수준으로까지 나아갔다. 남자 친구의 기분마저 자신과 같기를 요구하기에 이른 것이다. 자신이 우울하고 피로하면 남자 친구도 그래야 하고, 기분이 좋으면 남자 친구도 기분이 좋아야 한다고 강요했다. 만일 그렇지 않으면 화를 냈고 자신을 사랑하지 않는다며 비난했다.

당연히 남자 친구에겐 그녀와의 관계가 감옥처럼 답답하게 느껴졌다. 일체의 자유와 개성이 허용되지 않는 진짜 감옥 같았다. 다시 그녀의 오빠를 만난 날 남자 친구는 이렇게 하소연했다.

"제가 다른 사람이라는 걸 인정할 수가 없나 봐요. 그날 들려주신 강아지 이야기가 자꾸 생각납니다. 저도 그녀 품에 안겨서 게을러진 그 강아지 신세가 된 것 같거든요. 그녀는 자기가 만든 도식에 절 끼워 맞추려고 해요. 하지만 그건 제가 아니거든요. 그녀는 절 사랑하는 게 아니에요. 자기가 만든 이미지를 사랑하는 거죠. 그리고 그건 결국 자신의 이미지고요."

우리 모두에겐 다른 사람과 가까워지고 싶다는 갈망이 있다. 정서적으로 서로에게 가닿아 비슷해지고 싶은 욕망이 있는 것이다. 누구나 세계관과 정치관이 같은 사람, 비슷한 환경에서 자라 비슷한 습관을 가진 사람, 요샛말로 '케미'가 통하는 사람과 함께 있으면 마음이 편하고 기분이 좋다. 익숙함은 편안함과 통하니까.

반대로 낯선 사람, 다른 문화권에서 성장해 다른 언어를 쓰는 사람, 세계관과 라이프 스타일이 전혀 다른 사람을 만나면 불편하고 당황스럽다. 다들 그런 경험이 있을 것이다. 해외여행을 갔을 때 혹은 다른 문화권에서 온 사람, 정치 성향이 전혀 다른 사람을 만났을 때는 누구나 마음이 썩 편하지만은 않다.

물론 이런 불편함과 당혹감이 호기심을 일깨워 낯선 문화나 사람에 관해 더 많이 알고 싶다는 의욕을 불러일으킬 수도 있다. 하지만 반대로 낯선 것에 느끼는 불편함이 공격적인 반응으로 이어져 그 사람을 향한 거부나 차별을 낳기도 한다. 낯선 사람으로 인해 익숙하던 것, '당연하다'고 생각했던 것들이 갑자기 더는 당연하지 않은 것이 되어버리기에 불쾌하고 못마땅한 것이다. 이 두 가지 반응 중 어느 쪽을 택하느냐는 자기 확신에 달려 있다. 자기 확신이 있는 사람은 낯선 것도 위험하다고 느끼지 않으므로 차분하게 맞설 수 있다.

경계성 성격 장애 환자는 앞에서도 여러 번 강조했듯 자기 확신이 없고 가족이나 친구에게 의지하려는 마음이 크기 때문에 낯선 것에도 그들만의 특별한 방식으로 반응한다. 즉 자신과 다른 것에 단순히 불안을 느낄 뿐 아니라 상대의 의견이나 생각이 자신과 조금만 달라도 그 인간 자체를 심각하게 의심하는 것이다. 그래서 사회적으로 갈등을 초래하고, 무엇보다 가까운 사람과의 관계에서 큰 문제를 일으킨다.

남자 친구의 말처럼 마이네르트 같은 사람들은 주변 사람들의 개성을 인정하지 않는다. 가족이나 친구가 다르게 생각하고 느끼고 행동하는 것을 참지 못한다. 비슷한 사람과 관계를 맺고 싶다는 보통의 바람을 넘어 상대에게 자신과 같아질 것을 강요한다. 마이네르트가 강아지에 그랬듯 심지어 동물에까지 그런 강요를 서슴지 않는다.

아주 미미한 차이도 그들의 마음에는 거대한 불안의 파도를 몰고 올 수 있기 때문이다. 경계성 성격 장애 환자는 상대와의 차이를 억지로 무시하고, 그래도 상대가 자신의 의견을 고집할 경우 무기력에 가까운, 절망을 동반한 분노에 빠진다. 그러니 상대의 개성을 인정하고 존중하는 관계는 애당초 불가능하다고 봐야 한다. 경계성 성격 장애 환자에게는 이것이 매우 일반적인 관계 패턴이다.

현실적으로 이런 극단적 방식의 일심동체는 존재할 수 없다. 경계성 성격 장애 환자도 마음 깊은 곳에선 그 사실을 알기 때문에 더욱더 상대를 지배하고 복종시키기 위해 사투를 벌인다. 그렇게라도 해서 상대와 완벽하게 하나가 되고 싶기 때문이다. 경계성 성격 장애 환자는 주변 세상을

'적' 아니면 '친구'로 분류한다. 하나가 되라는 자신의 요구에 복종하면 친구고, 그렇지 않으면 증오해야 마땅한 적이다. '내 편이 아니면 무조건 적'인 것이다.

이런 공격성의 원인은 무엇일까? 공격성이 심한 불안의 표현일 때가 많다는 것은 이미 알려진 사실이다. 불안에 떠는 사람이 자신의 불안을 인정하고 건설적인 방식으로 대처하지 못한 채, 막연한 희망에 기대어 정면 돌파를 시도하는 것이다. 경계성 성격 장애 환자 역시 자의식이 낮기 때문에 항상 남들에게 무시당하고 거부당할 것이라는 두려움에 떤다. 그리고 그런 불안에 맞서기 위해 곁에 있는 사람들에게 자신과 똑같아지기를 강요하는 것이다.

그러나 마이네르트의 사례에서도 알 수 있듯 이런 전략은 비극적이게도 정반대의 결과를 초래한다. 남자 친구는 그녀의 강요로 질식당하는 기분을 느끼고, 이 '감옥'을 더는 견딜 수 없다고 생각한다. 시간문제일 뿐 그는 결국 그녀와 관계를 끊고 말 것이다. 경계성 성격 장애 환자의 친구나 가족인 당신도 비슷한 과정을 겪었을 것이다. 앞 장에서 소개한 아나도 그런 상황이었다. 그녀 역시 오래 버티지 못하고 결국 얀과 헤어지고 말 것이다.

안타깝게도 마이네르트 같은 사람들은 파트너와 헤어지는 순간 사랑받지 못하고 존중받지 못할 것이라는 자신의 영원한 불안이 틀리지 않았다고 생각한다. 그래서 그렇게 두려워하던 고독이 현실이 되었음에도 자신의 예상이 옳았다는 생각에 살짝 자존감이 올라간다. "내가 옳았어. 내 생각이 맞았어!"라며 말이다. 그들이 이런 전략을 얼마나 격하게 사용하는지를 보면 도리어 버림받을지 모른다는 그들의 불안이 얼마나 큰지를 역으로 짐작할 수 있다.

당연히 가족이나 친구인 당신은 환자로 인해 어려운 처지에 놓이게 된다. 한편으로는 환자가 안타깝고 가슴이 아프다. 때로는 당신에게 존중받기 위해 그가 얼마나 절망적으로 싸우는지가 느껴지기도 한다. 조금의 개성도 허락하지 않고 전적으로 자신이 만든 틀에 맞추라고 종용하는 환자 곁에서 당신은 심각한 고통을 겪는다.

게다가 경계가 사라진 공생 관계에선 당신 역시 개인으로 인식되지 않는다. 마이네르트의 남자 친구가 말했듯 당신은 그저 환자의 복사본일 뿐이다. 가슴 아프고 화도 나겠지만 인정해야 한다. 그는 당신을 사랑하는 것이 아니다. 당신에게서, 당신을 통해 그저 자기 자신을 사랑할 뿐이다.

바로 여기에 관계의 비극이 있다. 이런 식으로는 사랑이 가득한, 충만한 관계가 탄생할 수 없다. 불안에 떨며 자기 자신만 응시하는 환자는 당신이 사랑과 존중을 아무리 많이 퍼부어도 알아차리지 못한다. 그러니 계속해서 고독할 수밖에 없다. 경계성 성격 장애 환자는 다른 사람을 믿을 수 없기 때문에 파트너가 아무리 사랑의 증거를 제시해도 믿지 못하고 진심이 아닐 것이라고 도리질한다. 하지만 바로 그 끝없는 불신 때문에 그들은 결국 당신을 잃는다. 그들이 가하는 압박을 당신이 더는 견딜 수 없을 테니까 말이다.

그렇게 본다면 상대가 무조건 복종하고 자신의 쌍둥이가 되기를 바라는 환자의 바람은 관계를 죽이는 맹독이며, 자기충족적 예언과 같다. 경계성 성격 장애 환자는 아무도 자신을 진심으로 존중하지 않는다고 확신하고, 주변 사람들에게 자신과 똑같아지기를 요구함으로써 그렇게나 두려워하던 바로 그 일이 일어나게 만든다. 주변 사람들이 정말로 그에게서 멀어지는 것이다.

파트너나 가족을 혹은 친구를 아무리 사랑한다 해도 나 자신을 지키기 위해 결단을 내려야 할 순간이 반드시 당신에게 찾아올 것이다. 그리고 이건 자기 존중의 문제이기도 하다.

"이 정도면 충분히 했어. 이제 더는 안 할 거야."

당신도 언젠가는 이렇게 말해야 한다. 안타깝지만 이것이 당신에게 남은 유일한 방법일 때가 많다. 앞에서도 설명했듯 환자의 욕설과 비난을 참고 들어주는 것이 환자를 돕는 길이 아니다. 그럼 환자는 자신의 행동이 옳다고 생각하고 당신을 멸시할 것이다. 당신의 배려를 애정의 표현이 아니라 나약함의 증거라고 해석할 테니 말이다. 존중을 요구하고, 넘지 말아야 할 경계선을 명확히 그어주는 것이 오히려 환자에게 더 도움이 된다. 당신이 보인 단호한 태도에 환자가 정서적인 충격을 받아서 변화를 고민하게 될지도 모른다. 더 운이 좋다면 심리치료가 시급히 필요함을 깨달을 수도 있다.

마이네르트와 그녀의 남자 친구처럼 파괴적인 관계를

맺고 있다면 당신 자신을 보호하기 위해서도 거리를 둘 필요가 있다. 아무리 당신이 가족이나 파트너를 사랑한다 해도 무한정 이런 관계의 감옥에서 살 수는 없다. 한 치의 자유도, 개성도 허락하지 않는 숨 막히는 감옥에서 영원히 살수 있는 사람은 없다. 따라서 거리를 둘 시점이 언제인지 깨닫는 것이 중요하고, 상대가 당신을 옭아맬 낌새가 보일때는 절대로 그 느낌을 무시하지 말아야 한다.

○ 경계성 성격 장애 환자는 상대에게 자신과 한 치도 다르지 않
  은 공생 관계를 바란다.

○ 그들은 파트너나 가족에게서 개성을 박탈하려 한다.

○ 상대가 자신과 다른 의견을 내거나 다른 기분일 때는 엄청나
  게 분노한다.

○ 근본적으로 이런 관계를 추구하는 경계성 성격 장애 환자는
  파트너가 아니라 자신이 만든 이미지를 사랑한다. 다시 말해
  결국 자기 자신만을 사랑하는 것이다.

○ 비극적이게도 이런 종류의 관계에선 자기충족적 예언이 이루
  어지는 경우가 많다. 완벽한 일심동체를 요구함으로써 가장
  두려워하던 바로 그 결과가 나타나는 것이다. 경계성 성격 장
  애 환자가 가장 두려워하는 것은 사람들이 자신에게서 멀어지
  는 것이다.

○ 이런 파괴적인 관계 패턴을 오래 참고 견뎌서는 안 된다. 얼른
  벗어나지 않으면 당신도 피해를 입을 것이다.

10장

죽음을 부르는 자해 습관

스무 살의 여성 판매사원 마우러는 열세 살 때부터 정신병원을 들락거렸다. 심리치료도 여러 번 시작했지만 매번 조금 받다가 도중에 그만둬버렸다. 주요 증상은 자해였다. 면도날로 팔과 허벅지를 긋는데 상처가 너무 깊어 생명이 위태로운 지경까지 간 적도 있었다. 담뱃불로 몸을 지지기도 했다.

왜 그러느냐고 물으면 자기도 어쩔 수 없다는 대답이 돌아온다. 스트레스가 너무 심해서 자해를 할 수밖에 없다는 것이다. 동맥 근처까지 칼날이 들어가서 목숨이 위험했던 적도 여러 번이었다. 다행히 너무 늦지 않게 발견되었기에 망정이지 안 그랬으면 진즉에 세상을 떠났을 것이다. 이런 말을 들어도 그녀는 '그래서 뭐?'라는 표정으로 태연하게 대꾸한다.

"그랬으면 끝났을 텐데. 그게 더 나았을 거야. 어차피 지쳤거든."

같이 사는 어머니와 여동생한테도 그녀는 똑같은 말을 되풀이한다. 처음에는 그녀가 죽고 싶다고 해도 심각하게 생각하지 않았다. 그런데 자해로 생명이 위태로운 상황까지 가자 두 사람은 그녀가 혹시 또 무슨 짓을 저지르진 않을까 싶어 늘 노심초사한다. 마우러가 지쳤다는 말을 입에 올리기라도 하는 날이면 두 사람은 무서워 벌벌 떤다.

어머니는 딸을 치료했던 심리치료사들에게 벌써 여러 번 달려가 의논을 했다. 하지만 그것도 별 위안이 되지 못했다. 치료사들은 환자의 비밀을 지켜야 한다는 직업상의 의무를 들먹이며 본인의 동의가 없으면 설사 어머니라 해도 아무 말도 해줄 수 없다고 대답했다. 또한 자신들은 문제가 뭔지 알아서 치료할 수 있지만 환자가 번번이 치료를 거부하기 때문에 실질적인 도움을 주기가 힘들다고도 말했다. 환자가 무슨 일을 저지를지 모른다는 추측만으로는 강제로 입원시킬 수 없다는 말도 덧붙였다.

마우러의 어머니와 여동생은 전문가들을 만난 후 더 깊은 절망에 빠졌다. 전문가도 도와줄 수 없다니 이제 누구와 의논해야 한단 말인가? 특히 마우러가 입원했을 때 가족 상담을 받았던 병원에서 한 말은 더 기가 막혔다. 환자가 정말로 자살을 하고 싶다면 아무도 막을 수가 없다는 것이었다.

"그럼 애가 자살을 하는데도 그냥 지켜봐야만 한다는 건가요?"

어머니는 울면서 의사에게 물었다. 의사는 가족의 부담을 덜어주고 싶어서 한 말이라고 대답했다. 환자가 설사 자살을 하더라도 자책하지 말아야 한다는 말이 하고 싶었으며, 자살은 오로지 환자 혼자의 책임이라고 말이다. 하지만 그 말을 들은 어머니와 동생은 부담을 덜기는커녕 더 깊은 절망에 빠졌다. 전문가조차 도움이 되지 않는 이 암담한 상황이 너무나 무섭고 겁이 났기 때문이다.

경계성 성격 장애 환자가 있는 가정에서 정말로 자주 목격되는 상황이다. 마우러처럼 환자는 몸을 칼로 긋고 담뱃불로 지지며 자해한다. 때로는 그로 인해 목숨을 잃기도 한다. 엄청나게 심각한, 주변 사람들에게는 너무나 심각한 상황이지만 정작 환자는 죽음과 게임을 하는 것 같다. 처음에는 단순히 죽고 싶다는 푸념으로 시작했다가 시간이 지나면 자살하겠다는 협박으로 발전하고, 실제로 자살을 시도하는 단계로까지 나아간다.

가족은 환자가 언제라도 자살할 수 있다는 생각에 늘 불안에 떨어야 한다. 경계성 성격 장애의 경우 전문가들조차도 환자가 정말로 자살 충동을 실행에 옮길지, 옮긴다면 언제일지를 가늠하기가 힘들다. 몇 달 동안 죽겠다는 말을 입에 달고 다니고, 때때로 협박을 일삼다 보면 가족도 전문가도 그 말을 예사로 들어 넘기게 된다. 그러다가 갑자기, 겉보기에는 아무것도 아닌 사소한 모욕(2장에서 언급한 마이스터처럼 사장의 별것 아닌 한마디)에 분노가 폭발해 더럭 자살을 시도한다.

매일매일을 조마조마한 심정으로 살아야 하는 가족, 때로는 환자를 지켜보는 전문가들까지도 환자의 자살 시도를 막지 못했다는 사실에 극도의 절망과 무력감에 사로잡힌다. 따라서 자신을 보호하기 위해서라도 환자와 완전히 관계를 끊어버리는 가족이 적지 않다.

이는 충분히 이해할 수 있는 행동이다. 당신이 책임질 수 없는 일일 뿐 아니라 당신마저 피해를 입을 수 있는 상황이다. 당신을 보호하기 위해서라도 조치가 필요하다. 그런 차원에서 본다면 가족 상담을 했던 그 병원의 의사가 한 말이 전적으로 옳다. 물론 마우러의 어머니와 여동생이 느낀 분노 역시 충분히 이해할 수 있다. 전문가라는 사람의 입에서 그런 말이 나오다니, 화도 나고 실망도 했을 것이다.

환자가 자해하고 자살 시도를 한다면 가족 혹은 친구

인 당신은 무엇을 할 수 있을까?

전문가들이 자주 사용하는 전략은 자살을 시도할 것 같은 사람에게 먼저 자살 이야기를 꺼내는 것이다. 괜히 자살 의도를 물어서 자살할 생각도 없던 사람에게 자살을 일깨울 수 있지 않느냐는 반박도 있다. 가만히 있는 사람을 먼저 들쑤시지 말아야 한다고 말이다. 하지만 애당초 자살할 생각이 없는 사람은 누가 묻는다고 해서 자살을 꿈꾸지 않는다. 보통 진짜로 자살을 생각하는 사람은 누군가 먼저 물어주면 안도감을 느낀다. 혼자 고민하지 않아도 되어서, 누군가와 이 이야기를 나눌 수 있어서 다행이라고 생각한다.

따라서 환자가 자살을 생각하는 것 같거나 위험한 짓을 할 경우, 가족인 당신이 먼저 자살 이야기를 꺼낼 필요가 있다. 물론 대화는 억지로 되는 것이 아니다. 대화를 거부하는 것도 환자의 권리다. 그리고 대화를 거부하는 이유는 대부분 수치심 때문이다.

그럼에도 대화를 시도하는 것이 환자와 가족 모두를 위해 필요하다. 그런 노력을 통해 당신은 환자에게 자살 충동과 계획에 관해 언제라도 이야기를 나눌 준비가 되어 있다는 신호를 보낼 수 있다. 환자가 적어도 지금 이 순간에는 대화를 거부하더라도 어쨌든 대화의 문은 열렸으니 앞으로 언제든 마음이 내킬 때 당신을 찾을 수 있을 것이다.

환자뿐 아니라 가족인 당신에게도 그런 허심탄회한 대화가 긍정적인 작용을 한다. 혹시라도 환자가 무슨 일을 저지를지 모른다는 생각에 당신은 혼자 전전긍긍해왔다. 대화를 시도한다면 설사 환자가 아무런 대꾸를 하지 않는다 해도 어쨌든 당신의 근심은 털어놓을 수 있을 것이다. 그것만으로도 마음의 짐이 상당히 줄어든다. 물론 환자가 대화에 응한다면 더 말할 나위가 없을 것이다.

환자가 자살 생각이 드느냐는 질문에 "응, 죽고 싶어", "위험해도 상관없어"라고 말한다면 어떻게 할 것인가? 그런 대답을 들은 가족은 무력감과 절망에 빠질 것이다. "그래도 살다 보면 좋은 날도 있다"며 환자를 달래거나 "네가 죽으면 남은 가족은 어떡하냐"는 말로 환자에게 호소할 수도 있다. 전문가의 도움을 받자고 설득하거나 환자를 전문가에게 데려갈 수도 있을 것이다.

이 모든 행동은 분명 유익하고, 상황에 따라서는 매우

효과적인 전략이다. 또 당장 해결책이 떠오르지는 않는다 해도(만성 중증 자살 충동의 경우 아예 해결책을 기대하지 말아야 한다) 대화를 통해 적어도 환자와의 접촉은 유지할 수 있다. 그것만 해도 엄청난 의미가 있다. 나아가 대화를 나누고 자살 사고를 막으려 고민하는 동안에는 무력감에서 조금이나마 벗어날 수 있다.

그렇게 온갖 노력을 기울였음에도 가족의 자살 사고를 막을 수 없다면 어쩔 것인가? 마우러처럼 환자가 "그럼 끝이지. 그게 더 낫지 않아?"라고 대답한다면? 경계성 성격 장애 환자를 곁에 둔 가족이나 친구라면 드물지 않게 맞닥뜨리는 상황이다. 그것도 모자라 자살 사고가 협박이나("이렇게 저렇게 안 해주면 죽을 거야!") 비난을("내가 누구 때문에 이러는데? 다 너희들 탓이야!") 동반할 경우 가족의 부담은 실로 극심해진다.

이럴 경우 가족은 이러지도 저러지도 못하는 처지가 된다. 협박이나 비난에 져서 환자의 뜻대로 해줘서는 절대 안 된다. 당신이 양보할 때마다 협박의 나사는 점점 더 조여질 것이고 언젠가는 당신도 더는 견딜 수 없어 거절할 수밖에 없는 상황이 올 것이다. 하지만 요구를 안 들어주었다가 진짜로 무슨 일을 저지르면 그땐 또 어떻게 할 것인가?

자살 사고는 아무리 보란 듯이 떠들고 다닌다 해도 심각하게 대처해야 한다. 죽을 생각도 없으면서 협박하려고 괜히 약을 입에 털어 넣을 수도 있다. 하지만 운이 나쁘면 죽는 척하려고 털어 넣은 약 때문에 진짜로 목숨을 잃을 수도 있다.

바로 그렇기 때문에 자살 시도는 환자의 무기로 이용되기 쉽다. 안 들어주자니 사고가 날까 걱정이고, 들어주자니 날이 갈수록 협박이 더 심해질까 걱정이다. 그야말로 이럴 수도 없고 저럴 수도 없는 진퇴양난인 것이다.

분명 이런 경우에도 가장 좋은 방법은 대화이다. 환자와 이야기를 나누어서 환자가 지금 당신을 얼마나 곤란한 상황으로 몰아넣고 있는지 설명해야 한다. 앞에서도 말했듯 전문적인 도움의 필요성도 되풀이해서 강조해야 한다. 하지만 이런 노력이 아무 성과도 없을 수 있다. 그렇다면 반드시 외부의 도움을 받아야 한다. 자살 사고 때문에 계속 노심초사하다 보면 당신이 결국 못 견디고 병이 들 테니 말이다.

특히 당신이 (그릇되게도) 그런 스트레스 상황을 '어떻게든' 이겨낼 수 있다고 확신할 경우 문제가 커질 위험이 높다. 처음에는 그럭저럭 견딜 수 있을지 모른다. 하지만 언젠가는 당신도 힘이 바닥나고, 몸도 마음도 무너지고 말 것이다. 그것이 누구에게 도움이 되겠는가? 당신에게도, 환자에게도 도움이 안 된다.

그러므로 그런 부담스러운 상황이라면 친척이나 친구를 만나 사정을 털어놓는 것이 좋다. 누군가 말할 사람이 있다는 사실만으로도 마음이 한결 가벼워진다. 다른 사람에게 설명하는 동안 상황이 더 명료하게 다가온다. 나아가 제삼자의 말과 몸짓을 듣고 보면서 당신이 처한 상황과 당신 자신의 행동을 보다 객관적으로 판단할 수 있다.

가령 제삼자가 놀라 눈썹을 치켜세우거나 이해할 수 없다는 듯 고개를 저으면 당신은 반사적으로 자신의 생각을 점검하게 될 것이다. 제삼자가 "넌 왜 가만히 있었어?"라고 물으면 당신은 그 당시 환자에게 아무 저항도 하지 못했던 자신의 행동을 되짚으며 과연 그것이 유익한 반응이었는지 고민해볼 수 있다.

그런 대화가 무척 중요하고 소중하지만 그것만으로는 여전히 상황이 벅찰 것이다. 그럴 땐 전문적인 도움을 구해야 한다. 일반의라도 경계성 성격 장애 환자를 치료해본 경험이 있다면 그에게 대처법을 문의해볼 수 있다. 그렇지 않은 경우 정신과 의사나 심리치료사에게 자문을 구해야 한다.

전문가의 도움은 당신에게도 필요하다. 전문가와 함께 당신의 상태를 점검해볼 필요가 있다. 어떻게 해야 죄책감을 느끼지 않고, 환자에게 휘둘리지 않을 수 있을까? 왜 당신은 환자에게 저항하지 못할까? 환자와 당신의 관계가 그렇게 뒤엉키기까지 당신은 어떤 역할을 했을까?

그런 식의 대화를 통해 어떤 행동이 당신과 환자를 위해 유익한지를 배울 수 있다. 또 당신이 어떤 사람인지 알아보는 기회로 삼을 수도 있다.

○ 경계성 성격 장애 환자 중에는 자해 성향이 높은 사람이 많다. 몸을 칼로 긋거나 담뱃불로 지지고, 심한 경우 자살 시도를 하기도 한다.

○ 자해의 이유는 다양하다. 칼로 몸을 긋는 경우는 스트레스를 해소하거나 자신을 느끼고 싶은 마음에서 비롯된다. 자살 충동의 경우는 다른 탈출구를 찾지 못했기 때문이지만, 주변 사람들이 자신을 버리고 기만했다고 느껴 그들에게 분노하기 때문이기도 하다.

○ 자해 행동은 주변 사람들에게 큰 불안과 무력감을 안긴다.

○ 환자인 가족에게서 자살 충동이 감지될 경우 대놓고 물어야 한다. 조치를 취해야 할 시점을 판단하려면 그것이 가장 좋은 방법이다.

○ 환자가 구체적인 자살 계획을 세운 것 같거든 전문가에게 도움을 청해야 한다. 필요하다면 입원도 고려해야 한다.

○ 경계성 성격 장애 환자는 가족을 자기 뜻대로 움직이기 위해 자살을 협박("내가 시키는 대로 안 하면 죽을 거야")과 비난("내가 이렇게 된 건 다 니들 탓이야")용으로 사용한다.

○ 환자의 협박에 굴하지 않기가 말처럼 쉬운 일은 아니지만 그

래도 절대 양보하지 말아야 한다. 한 번 양보하면 요구는 자꾸 늘어난다.

○ 당신이 끝까지 버티기 위해서라도 반드시 친구나 전문가에게 도움을 청해야 한다.

11장

내가 누구인지 나도 날 모르겠어

마흔다섯 살의 남성 클뤼베르는 벌써 여러 번 정신병원에 입원했고 정신과 통원 치료도 받았다. 특이한 점은 그가 정신과 진단 시스템에 올라 있는 거의 모든 진단을 받았다는 것이다. 한 병원에선 그에게 신경성 장애라는 진단을 내렸지만 다른 병원에선 조현병이라는 진단을 내렸다. 몇 달 동안 통원 치료를 받았던 정신과에서는 그에게 중증 우울증이라는 진단을 내렸지만 다른 정신과 의사는 외상 후 스트레스 장애라고 진단했다. 길거리에서 갑자기 폭행을 당해서 트라우마가 생겼다는 것이다. 클뤼베르가 자살 시도를 한 후에 입원했던 정신병원에서는 그에게 중증 반사회적 성격 장애라는 진단을 내렸다. 하지만 정신병원에서 그를 인계받아

통원 상담을 했던 정신과 의사는 그 진단이 틀렸다고 주장했다. 성격 장애는 맞지만 그런 반사회적 성격 장애가 아니라 강한 자기애성 성격 장애라고 말했다.

어느 날 술에 취해 길에 쓰러져 있던 클뤼베르를 경찰이 응급실로 데려간 적이 있었다. 응급실에서 그의 정신과 입원 내력을 알고서 그를 정신과로 보냈는데, 그곳 의사는 그가 정신적으로 아무 문제가 없다는 진단을 내렸다. 자기가 보기에는 너무나 건강하다는 것이었다.

정신병의 병상이나 진단에 대해 잘 모르는 독자라면 이 글을 읽고 아마 엄청 당황스러울 것이다. 전문가들이 같은 사람을 두고 어떻게 이렇게 전혀 다른 진단을 내릴 수 있단 말인가? 조현병, 중증 우울증처럼 심각한 정신질환에서부터 아무 문제가 없다는 진단에 이르기까지 진단범위도 엄청나게 넓다. 적어도 전문가라면 100퍼센트 올바른 진단을 내릴 수는 없다 해도 어느 정도 비슷한 의견이기는 해야 하지 않을까? 대체 무슨 진단 도구를 사용했기에 저렇게 전혀 다른 결과가 나온 것일까? 당신은 무척 궁금할 것이다.

전문가가 이 정도니 클뤼베르 주변 사람들은 더 말할 것도 없다. 그들에게 클뤼베르가 어떤 사람이냐고 물으면 한결같은 반응이 돌아온다.

"통 속을 모르겠다니까요."

~~~~~~~~~~~~~~~~~~~~~~~~~~~~~~~~~~~~~

클뤼베르는 작은 아파트에 혼자 산다. 실업학교를 졸업하고 여기저기서 인턴으로 일하다가 한 운송 회사에 들어가 그곳에서 15년째 일하고 있다. 워낙 말이 없고 얌전해서 무슨 일을 시켜도 군소리 없이 처리하지만 사실 사장님은 그를 그다지 탐탁지 않게 여긴다. 실수가 잦고 항상 정신이 딴 곳에 가 있는 것 같은 데다 한 달에 하루 이틀은 꼭 결근을 한다. 결근 이유란 것도 썩 설득력이 없다.

"몸이 안 좋아서 오늘은 출근을 못 할 것 같습니다."

그 말뿐이다. 벌써 몇 번이나 그를 해고할까 고민했지만 그럴 때마다 클뤼베르가 안쓰러워서 차마 입을 떼지 못했다. 어느 날 클뤼베르가 또 결근하자 사장님은 함께 일하는 아내에게 그가 또 "꾀병을 부린다"며 투덜거렸다. 그러자 아내는 클뤼베르의 편을 들면서 이런 말로 남편을 달랬다.

"작은 아파트에 혼자 살고 친구도 없어. 사람 만날 곳이라고는 우리 회사밖에 없는 사람이야. 불쌍하게 생각해줘."

사장님이 아내에게 물었다.

"근데 당신은 그 사람이 무슨 생각 하는지 알아? 나보다 같이 일하는 시간이 많으니까 당신은 그래도 좀 알 것 같은데. 난 도통 속을 모르겠어. 한 번도 크게 웃는 얼굴을 본 적이 없어. 그렇다고 딱히 우는 얼굴도 아니고. 칭찬을 하면 씩 웃고 야단을 치면 얻어맞은 강아지처럼 풀이 팍 죽기는 하는데 무슨 생각을 하는지 도무지 알 수가 없거든."

아내는 이해한다는 듯 고개를 끄덕이며 대답했다.

"실은 나도 그래. 그런 사람은 처음이야. 그래서 더 안쓰러워. 뭔지는 몰라도 정상은 아니야."

사장님 아내의 추측대로 클뤼베르는 만나는 사람이 별로 없었다. 정기적으로 만나는 사람은 어머니뿐이었다. 일주일에 한 번 어머니한테 가서 같이 밥을 먹었다. 아버지는 그가 두 살 때 돌아가셨다. 아버지에 관한 기억은 어머니가 보여준 사진과 들려준 이야기가 전부였다.

어머니와 함께하는 시간도 대부분 조용하게 보냈다. 어머니가 물으면 클뤼베르가 단답형으로 대답했고, 그러고 나

면 다시 침묵이 찾아왔다. 어머니에겐 특별할 것 없는 일상
이었다. 아들은 어릴 때부터 자기 이야기를 전혀 하지 않았
다. 어머니가 물으면 대답은 했지만 속마음을 털어놓은 적은
단 한 번도 없었다. 잘 지내냐는 질문에는 늘 같은 대답이 돌
아왔다.

　"그렇죠, 뭐."

　어머니에게도 아들은 속내를 알 수 없는 사람이었다. 어
머니 말고는 가깝게 지내는 사람이 없었다. 가끔 학교 친구
들과 축구를 하러 갔지만 친해서 가는 건 아니었다. 그들이
그에게 같이 축구 하자고 말했는데 거절하고 싶지 않아서 그
냥 따라가는 것이었다. 친구들 역시 그에게 큰 애정이 있어
서가 아니라 집에 혼자 있는 그가 안쓰러워 데리고 다니는 것
뿐이었다.

　클뤼베르는 한 번도 연애를 해본 적이 없다. 남자한테
도, 여자한테도 매력을 느끼고 남녀 모두에게 성적으로 끌리
기 때문에 이성애 포르노 못지않게 동성애 포르노도 자주 본
다. 인터넷 채팅방에 들어가서 남녀 모두와 성적인 대화를
나누기도 한다. 스스로도 자신이 이성애자인지, 동성애자인

지, 양성애자인지 알 수가 없다.

그렇게 포르노를 보거나 채팅을 할 때면 성적으로 흥분했지만 그는 한 번도 실제로 상대를 만나 섹스해본 적이 없다. 채팅방에서 누군가가 만나자고 제안하면 화들짝 놀라서 얼른 채팅방을 나온다. 그러고도 안심이 안 되어 사용하던 프로필을 삭제하고 새 닉네임으로 새 프로필을 개설한다.

사실 포르노나 채팅은 그에게 만족을 주지 못한다. 오르가슴 역시 강렬한 느낌으로 다가오지 않는다. 그 모든 것은 그저 기계적으로 해치우는 배설에 불과하다.

누군가 그에게 기분이 어떠냐고 묻는다면 그는 아마 어깨를 으쓱하며 잘 모르겠다고 대답할 것이다. 그가 느끼는 것은 거대한 공허뿐이다. 마음속 세상도, 바깥세상도 모두가 칙칙한 회색빛일 뿐이다. 그렇다고 해서 괴롭지는 않다. 그저 주변 사람들이 격한 감정을 보일 때면 그것이 신기하고 의아하다. 왜 저렇게 화를 내고, 왜 저렇게 좋아할까, 궁금하고 놀랍다. 그는 한 번도 그런 감정을 느껴본 적이 없다.

가끔 공허와 무감정 상태가 너무 심해져서 완전히 무감각해질 때가 있다. 이때가 바로 그가 결근하는 날이다. 그럴 때면 그는 하루나 이틀 정도 내내 커튼을 치고 어두운 방 침대에 가만히 누워만 있다. 아무것도 할 수가 없기 때문이다. 아무 생각도 떠오르지 않는다. 그럴 때는 어머니의 전화도 받지 않는다. 그래서 걱정이 된 어머니가 정신병원에 전화를 걸어 응급 입원을 신청한 적도 있다.

이런 식으로 입원할 때마다 병원에선 그에게 앞에서 말한 것처럼 각양각색의 진단을 내렸다. 그리고 꼭 심리치료를 받으라고 권했다. 하지만 그는 매번 상담을 도중에 그만두고 말았다. 무슨 말을 해야 할지 모르겠다는 것이 이유였다.

"거기 앉아 있으면 아무 생각도 안 납니다. 머리가 텅 비어요. 문제가 없는데 왜 치료를 받아야 하죠?"

난감하기는 심리치료사도 마찬가지였다. 환자가 입을 꽉 닫고 자신을 노려보고 있으니 치료사라고 무슨 뾰족한 수가 있겠는가.

평소엔 이렇듯 무감각하고 무심한 그가 격한 감정을 보일 때가 있었다. 어머니의 부탁으로 그를 응급 입원시키기 위해 정신병원에서 달려왔을 때였다. 그가 입원을 거부하며 비명을 지르고 난동을 피우는 통에 경찰이 출동한 적도 있었다. 이렇게 난리 치지 않을 때는 방으로 들어가 옆에서 사람들이 아무리 말을 걸어도 입을 꽉 닫은 채 돌멩이처럼 꼼짝하지 않았다. 이렇듯 격한 감정을 드러내는 방식이 천양지차이다 보니 당연히 진단도 각양각색으로 나올 수밖에 없었다.

이유가 무엇일까? 그 이유는 어느 날 입원 중이던 그가 정신병원 의사와 상담을 하다가 밝혀졌다. 의사가 그동안 그가 너무나 다양한 진단을 받은 것이 신기하다고 말하자 클뤼베르는 얼마 전 인터넷에서 외상 후 스트레스 장애 증상 중에 플래시백이 포함된다는 글을 읽은 적이 있다고 말했다. 지금까지는 전혀 몰랐던 사실이라고 말이다. 잠시 뜸을 들인 그는 의사에게 몇 달 전 자신이 아무 이유 없이 젊은이 두 명에게 폭행을 당했는데 그 이후로 그런 플래시백 현상을 겪고 있다고 말했다. 그러면서 진단서에 그 사실을 꼭 넣어주었으면 좋겠다고, 지금 그 젊은이들을 상대로 위자료 소송 중인데 진단서가 있으면 매우 유리할 것 같다고 말했다.

클뤼베르가 외상 후 스트레스 장애의 병상을 너무나 정확히 알고 있어서 의사는 깜짝 놀랐다. 클뤼베르는 외상 후 스트레스 장애의 주요 증상을 모조리 열거했고 그 장애를 앓는 환자와 똑같이 행동했다. 의사는 그가 조현병, 중증 우울증, 중증 성격 장애 진단을 받았을 때도 이처럼 행동했을 것이라 추측하고는 그에게 그 병들의 증상에 관해 물어보았다. 아니나 다를까, 클뤼베르는 그 병의 증상들도 정확히 열거했다.

그날 의사는 자신의 환자가 여러 질환을 진짜로 앓는 것이 아니라 '연극'을 하고 있다고 확신했다. 하지만 '연극'이라고 해서 자신의 상태를 고의적으로 숨기거나 속이려는 것은 아니었다. 클뤼베르는 매번 역할을 바꾸었고 그때마다 자신이 정말로 해당 증상 때문에 고통받는다고 확신했다. 그가 전문가도 깜빡 속을 정도로 그 다양한 병상을 '연기'할 수 있었던 것도 바로 그 때문이었다. 근본적으로 그는 자신이 어떤 사람인지 모른다. 그래서 역할을 자꾸 바꾸고, 그때마다 그것이 진짜 자신이라고 확신한다. 그것이 마음의 빈자리를 채우는 그만의 방식이지만, 그럴수록 그는 진짜 자신에게서 더욱더 멀어질 뿐이다.

클뤼베르가 고백한 공허감은 사실상 그가 앓

는 중증 장애의 유일한 증상이다. 그가 스스로 인식하고 일시적이나마 고통을 겪는 유일한 증상은 그 공허감뿐이다. 하지만 그는 그 공허가 자신이 어떤 사람인지를 깨닫지 못하기 때문에 생기는 증상이라는 것을 알지 못한다. 이것이 경계성 성격 장애 환자에게서 상대적으로 흔히 나타나는 특징이다. 이런 이유로 주변 사람들은 그를 '도무지 속을 알 수 없는 사람'이라고 생각한다. 가족도 마찬가지이고, 워낙 인간관계의 폭이 좁아서 친구가 있을 확률이 낮지만 만일 있다 하더라도 친구 역시 그의 속내를 알 수 없다.

클뤼베르 같은 사람들은 본연의 자신에게로 다가가지 못하기 때문에 자신이 어떤 사람인지 모른다. 따라서 주변 사람들에게 확실한 자신의 이미지를 전달할 수가 없다. 그들이 느끼는 공허감이 인간관계에도 그대로 반영되어 축 늘어진 맥없는 관계만 겨우겨우 유지되는 것이다.

클뤼베르가 어머니와 같이 보내는 시간은 이 환자들이 맺는 전형적인 관계의 모습을 보여준다. 그는 정기적으로 어머니를 찾아뵙지만 실질적으로 어머니는 아들과 정서적인 교류를 전혀 하지 못한다. 아들은 어머니의 질문에 단답

형으로 대답할 뿐, 자신의 속내를 털어놓은 적이 단 한 번도 없다.

특이한 점은 이들이 자기감정을 의도적으로 숨기는 것이 아니라는 사실이다. 이들은 자기감정에 다가갈 수 없기 때문에 감정을 남들에게 보여줄 수도 없다. 자기감정을 느끼고 남들에게 전달하려면 명확한 자아상이 필요하다. 하지만 클뤼베르 같은 사람들은 자아상에 접근할 수 없기 때문에 그 순간 떠올랐다 사라지는 감정에 이리저리 휘둘린다. 그 감정이 어떤 사건으로 생겨난 것인지도 알 수 없으므로 그들에겐 감정이 아무런 의미가 없고, 자기 자신을 이해하지도 못한다.

감정이 없는 것 같고, 심할 경우 냉혈한 같을 때도 있지만 전혀 감정이 없다고 생각한다면 틀렸다. 감정은 있지만 그들은 그 감정에 아무런 의미를 부여하지 않는다. 공허감과 무감각이 자욱한 안개처럼 감정을 뒤덮고 있기 때문이다.

따지고 보면 그들의 인생에선 모든 것이 임의적이다. 그들에겐 감정과 결정을 좌우할 기준틀이 없기 때문에 뚜

렷한 감정의 고저, 확실한 좋고 싫음, 명확한 긍정과 부정
이 없다. 그런 것이 있으려면 본연의 자신에게로 접근해야
하는데 바로 그 접근의 길이 막힌 것이다.

성적 지향에서도 같은 문제가 나타난다. 클뤼베르는
여성과 남성 모두에게 매력을 느끼고, 스스로도 자신이 이
성애자인지 동성애자인지 양성애자인지 모른다. 앞에서 경
계성 성격 장애의 증상을 설명할 때 이런 불안한 정체성이
이 장애의 주요 특징 중 하나라고 말했다. 특이한 점은 클
뤼베르는 평생 실제로 섹스를 해본 적이 없다는 사실이다.
여성과도 남성과도 성관계를 해본 적이 없다. 이런 관점에
서 봐도 그는 자신이 누구인지 알지 못하고 타인과의 실제
적인 만남, 특히 성적인 만남을 두려워한다.

이처럼 삶의 곳곳에서 느껴지는 불안으로 미루어 볼
때 클뤼베르의 출근을 방해하는 그 심각한 무감각 상태가
아마도 중증 우울증의 증상은 아닐 것이다. 그것 역시 그가
느끼는 공허감과 방향 상실의 한 가지 표현 형태일 것이며,
그는 그로 인해 그 무엇에도 의미를 부여하지 못한다. 그런
날에는 일도 의미를 잃어버리므로 출근을 할 수 없다. 결국

그의 결근 이유는 사장님의 생각처럼 '꾀병'이 아니라 일종의 '죽은 척하기' 전략이다. 곰을 만나 죽은 척했던 나그네처럼 방에 콕 틀어박혀서 공허감과 방향 상실감이 지나가기만을 기다리는 것이다.

가족 혹은 친구인 당신이 그런 행동을 목격할 경우, 환자가 공연히 중증 정신 장애인 척 연극한다거나 거짓말한다고 해석하지 말아야 한다. 환자의 행동이 클뤼베르의 경우처럼 근본적인 공허감과 방향 상실감의 표현일 수 있으므로 걱정스러운 눈으로 관심을 갖고 환자를 지켜보아야한다. 성격이나 환경에 따라선 그런 순간 환자가 자살을 시도할 수도 있다. 변화의 가능성이라고는 없는 자신의 절망적인 상황을 깨달을 경우 극단적인 선택을 할 수도 있는 것이다.

마음이 공허하고 정서적인 반응이 불확실하며 결정이 제멋대로이기 때문에 경계성 성격 장애 환자는 외부의 영향에 극단적으로 취약하다. 외부에서 제공되는 것이나 정체성 획득에 도움이 될 것 같은 것은 모조리 탐욕스럽게 빨아들인다. 그래서 클뤼베르의 경우 병원에 입원할 때마다 그곳에서 만난 환자의 병상을 그대로 흡수하여 퇴원 후 갑자기 조현병이나 중증 우울증 증상을 보였다. 그러나 절대 그런 장애를 '연기'하는 것이 아니다. 자신만의 확실한 정체성이 없기 때문에 해당 병상을 자기 것으로 만들어버리는 것이다.

말도 안 되는 소리라고 생각할지 모르겠지만, 마침내 정체성을 찾아냈으니 환자에겐 엄청난 이득이 아닐 수 없다. 설사 그것이 심각한 정신 질환이라 하더라도 마음의 빈자리와 부족한 정체성을 메울 수 있게 되었으니 환자는 마침내 좌표를 찾았다는 기분이 들 것이다. 따라서 환각 증상이나 망상 같은 조현병의 특징들마저 고통이 아닌 안정과 확신을 선사한다. 환자가 마침내 자신이 누구인지를 '알게' 되었으니 말이다.

그러나 그런 식의 자기 정의로는 정체성 문제가 완전히 해결되지 못하고, 공허한 마음은 여전할 것이므로 환자는 다른 영향에도 역시나 마음을 열어둔다. 중증 우울증 환자를 만나거나 중증 우울증에 관한 뉴스를 듣고 나면 갑자기 그에게서 중증 우울증의 증상이 나타난다. 조현병 증상은 언제 그랬냐는 듯 싹 사라지고, 진짜 환자처럼 중증 우울증의 모든 증상이 나타나는 것이다. 이 역시 계획적인 '연기'가 아니라 마음의 질서를 회복하고 명확한 정체성을 얻기 위한 전략이므로 심지어 전문가조차도 그의 중증 우울증을 의심하지 못한다.

시간이 가면서 경계성 성격 장애 환자도 자신의 이런 상태가 전화위복이 될 수 있음을 깨닫는다. 다양한 역할을 연기하다 보니 자신이 그 분야에 뛰어난 재능이 있다는 사실을 알게 되는 것이다. 그래서 어느 순간부터 그 재능을 의도적으로 써먹기 시작한다.

클뤼베르가 외상 후 스트레스 장애의 주요 증상인 플래시백을 언급했을 때가 바로 그런 순간이다. 클뤼베르는 의사에게 외상 후 스트레스 장애 정보 사이트에서 플래시백 증상을 발견했다고 말하고 당장 증상을 증명해 보여주었다. 그리고 '외상 후 스트레스 장애'를 입증하는 진단서를 발급해달라고 부탁했다. 이는 정체성의 문제가 아니라 모든 증상을 시연할 수 있는 자신의 능력을 의도적으로 이용한 경우이다. '외상 후 스트레스 장애' 진단서가 있으면 위자료를 더 많이 받을 수 있기 때문이다.

경계성 성격 장애 환자는 이처럼 다양한 증상을 '완벽하게' 시연할 수 있기 때문에 주변 사람들은 물론이고 전문가들조차 그가 어떤 사람인지 헷갈려 한다. 하지만 환자가 의도적으로 환자인 척했다는 사실이 밝혀질 경우 상황은 완전히 뒤집힌다. 가족이나 친구들은 속았다는 배신감에 분노하고 환자에게서 등을 돌릴 것이다.

하지만 앞에서도 설명했듯 이 두 가지 해석은 모두 옳지 않다. 환자는 그 병에 걸린 것도 아니고 일부러 연기하는 것도 아니다. 그가 걸리지도 않은 병의 증상들을 시연한 것은 나쁜 의도가 있어서가 아니다. 환자는 병의 증상들을 이용해 자신을 규정하고 자신이 누구인지 알고 싶은 것이다. 상대를 조종하려는 성향 역시 경계성 성격 장애의 한 증상이다. 따라서 환자의 행동을 매몰차게 비난할 것이 아니라 정신 질환의 표현이라고 생각해야 한다.

증상의 이유를 안다고 해서 바로 그 행동이 용서되는 것은 아니다. 그럼에도 그런 행동이 질병 때문에 나타난다는 사실은 잊지 말아야 한다. 도덕적인 잣대로는 절대 경계성 성격 장애 환자를 올바로 파악할 수 없다. 환자에게 기만당했다고 생각한다면 분노가 솟구칠 테지만 그것도 다 질병의 증상이라고 마음을 다독인다면 침착하고도 단호하게 당신의 입장을 전할 수 있을 것이다. 환자가 당신이 자신의 장애를 이해하고 존중한다고 느낀다면 마음을 더 활짝 열고 당신과 소통하려 할 것이다. 당신의 침착한 대처가 당신과 환자의 관계를 크게 개선할 수 있다.

○ 공허감은 경계성 성격 장애 환자의 전형적인 상태 중 하나이다. 그들 자신도 정확하게 설명할 수 없으므로 흔히 환자들은 그 상태를 온 세상이 '암울'하고 '뭔가 이상하다'는 말로 표현한다.

○ 그들은 자신이 누구인지를 알지 못한다.

○ 가족이나 친구들은 환자의 속을 알 수가 없다. 환자가 무슨 생각을 하는지 도무지 알 수가 없다.

○ 전문가 앞에서 이들은 정말로 다양한 증상을 시연할 수 있다. 그래서 각양각색의 진단이 나올 수가 있는 것이다.

○ 이들은 자신이 선택한 '역할'을 정말 완벽하게 '연기'한다. 그 순간에는 그런 장애를 앓고 있다고 스스로 확신하기 때문이다.

○ 이렇듯 수시로 변하고 속을 알 수 없기 때문에 주변 사람들은 그와 깊이 있는 정서적 유대 관계를 맺을 수가 없다. 불안한 정체성도 그 원인 중 하나이다.

○ 가족이나 친구들은 아무리 많은 시간을 함께 보낸다 해도 늘 환자와 큰 거리감을 느낀다.

○ 환자가 다양한 증상을 시연하고 다양한 역할을 연기하므로 주변 사람들은 속았다는 배신감에 분노를 느끼기 쉽다.

12장

'그럼에도' 잠재력을 꽃피운 사람들

50대 중반의 여성 펠버는 유명한 인테리어 디자이너다. 국내는 물론이고 외국에까지 이름이 나서 주문이 끊이지 않는다. 게다가 어디를 가나 사람들의 이목을 끈다. 무슨 옷을 입어도 우아하고, 어디에 있든 존재감이 대단하기 때문이다.

　　그녀는 고객의 말에 귀 기울여 고객이 원하는 것을 재빨리 파악한다. 하지만 그에 못지않게 자기 신념도 투철해서 아이디어가 떠오르면 절대 양보하지 않는다. 그러다 보니 가끔은 고객과 의견 충돌이 일어나고, 고객이 끝까지 뜻을 굽히지 않으면 그녀는 일을 맡지 않겠다고 선언한다. 한 지인이 보다 못해 의뢰인에게 그러면 안 된다고 충고하자 그녀는 벌컥 화를 내며 이렇게 소리 질렀다.

"내 아이디어가 제일 좋은데 그딴 헛소리를 내가 왜 들어주고 있어야 해. 내 생각이 마음에 안 들면 다른 데 가서 알아봐야지. 인테리어 좀 합네 하며 명함 내미는 어중이떠중이들이야 쌔고 쌨지. 난 그런 인간들이랑 달라."

이런 식의 말투도 그녀의 전형적인 특징이다. 그러다 보니 독설이 무서워 그녀를 피하는 사람들이 생겼고, "거만하다"며 뒤에서 손가락질하는 사람들도 적지 않았다. 그녀도 그런 사실을 잘 알았다. 한편으로는 그런 반응이 부당하다고 생각했지만 또 한편으로는 자신이 특별하다는 증거인 것 같아 은근히 즐기기도 했다. 그녀에겐 그런 증거가 필요했다. 그녀가 일중독이라는 소리까지 들으면서 쉬지 않고 일에 매진하는 이유도 알고 보면 특별한 사람이 되고 싶어서였다. 그녀는 평생 느긋하게 쉬며 즐겨본 적이 없다.

그녀는 또 사람들이 많이 모이는 곳을 좋아했다. 전시회건 음악회건 파티건, 그녀가 참석하지 않는 행사가 없었다. 그리고 어디에 가든 주목을 받았다. 약간 튀지만 감각이 돋보이는 패션, 화려한 몸짓, 환한 미소, 좌중을 압도하는 존재감이 모든 사람에게 엄청난 매력으로 작용했다.

그녀도 자신의 매력을 한껏 의식했고 필요할 때면 그 매력을 적극 이용했다. 덕분에 친구가 많았지만, 그녀를 시기하고 비난하는 적도 많았다. 그녀에게 일을 맡기려다 거절당한 한 여성은 그녀를 "냉혈한"이라고, 겉으로는 다정한 척 웃지만 사실은 돈밖에 모르는 인간이라고 욕을 하고 다녔다. 그녀가 알고 보면 자신밖에 모르는 이기적인 인간이라고 말이다.

워낙 매력이 넘치다 보니 그녀에게 관심을 보이는 남자도 많았다. 지인들 사이에선 그녀와 하룻밤을 보낸 남자가 몇 트럭쯤은 될 것이라는 소문이 돌았다. 하지만 오래 만난 사람은 많지 않았다. 제일 오래 만난 남자는 스무 살 연상의 유명한 동성애자 화가였다. 2년 가까이 관계를 유지했지만 사실 두 사람은 섹스를 하지 않는, 부녀 관계에 가까운 사이였다. 화가는 동성 남자들을 만나고 다녔고 그녀 역시 여러 명의 남성과 관계를 가졌다. 하지만 공식적인 자리에는 꼭 그와 함께 참석해서 그의 유명세를 즐겼다. 물론 그 관계도 2년을 넘기지는 못했다. 이유를 묻는 친구들에게 그녀가 건

넨 대답은 이 한마디였다.

"둘 다 얻을 게 없어."

또 한 번 그녀가 진정으로 사랑한 남자가 있었다. 이번에
는 까마득한 연하의 피아니스트였다. 당시 그는 스무 살 대
학생이었고 그녀는 마흔여덟 살이었다. 주변 사람들이 그 사
실을 알고 혀를 찼지만 그녀는 아랑곳하지 않았다.

"내 나이에 저렇게 어린 남자랑 사귀는 게 샘이 나서 그
러는 거야."

두 사람은 첫눈에 반했고, 그녀는 친구들에게 "광란의
사랑"이라며 자랑을 늘어놓았다. 그가 정말로 그녀의 이상형
이었기 때문이다. 하지만 그것도 잠시, 그녀는 이내 그에게
싫증을 느끼고 작별을 고했다.

그렇게 화려하고 빛나는 겉모습 뒤편에는 정말로 그녀
와 친한 극소수만이 아는 그녀의 다른 모습이 숨어 있었다.
그녀는 혼자 있는 시간을 극도로 싫어했다. 하룻밤이라도 혼
자 있게 되면 전혀 다른 사람이 되어버리기 때문이다. 그래
서 자꾸 일을 만들거나 온갖 모임을 만들어 혼자 있는 순간을
최대한 피했다. 하지만 아무리 노력해도 어쩌다 보면 정말

아무도 옆에 없을 때가 있었다. 그럼 마음 저 깊은 곳에 숨어 있던 참을 수 없는 공허가 고개를 내밀었다.

"깊고 시커먼 구덩이로 떨어지는 것 같아. 바닥을 모를 만큼 깊은 구덩이지. 그 구덩이가 날 빨아들여 집어삼킬 것 같아."

어느 날 공허감에 빠져 허우적거리는 그녀를 목격한 친한 친구에게 그녀는 이렇게 고백했다.

"참을 수가 없어. 다 소용없어. 무의미해."

그런 순간이면 그녀는 고통을 잊기 위해 독주를 꺼내 인사불성이 될 때까지 마셨다. 그러다가 벌써 여러 번 병원에 실려 갔다. 의식을 잃고 쓰러진 그녀를 친구가 발견해 응급실로 데려간 것이다. 그러나 마침 병원 내과 과장과 잘 아는 사이였던 그녀는 매번 의사를 설득해 그다음 날 바로 퇴원했다. 마지막으로 병원에 실려 갔을 때 의사는 정신과 치료를 권했지만 그녀는 "걱정하지 말라"는 말로 의사를 달랬다.

"과로해서 지쳐서 그래. 포도주 한두 잔에도 뻗어버린다니까. 며칠 쉬면 괜찮아질 거야."

하지만 시간이 갈수록 공허한 상태가 더 자주 찾아왔고

최근 들어 부쩍 그녀가 술을 많이 마셨기 때문에 곁에서 지켜보던 친구는 영 마음이 편치 않았다. 그녀는 친구에게 아무 문제 없다고 큰소리쳤지만 가끔 마음이 불편하다고 말하기는 했다. 얼마 전에는 울먹이면서 친구에게 벌써 여러 번 자살을 생각했다고 고백하기도 했다.

"조금만 더 용기가 있었다면 진즉에 자살했을 거야. 내 나이가 벌써 50대 중반이야. 더 바랄 게 뭐가 있겠어. 성공? 그거 다 소용없어. 그렇다고 내 곁에 사람이 있는 것도 아니잖아. 날 진심으로 사랑해줄 사람이 있을까? 다들 날 미워해. 지금 이 꼴을 보면 좋아서 죽을 거야."

친구가 이런저런 말로 위로해주었지만 그녀의 귀에는 한 마디도 들어오지 않았다. 그녀의 눈에 비친 자신은 구제불능인 인간이었다. 따라서 그녀의 친구는 매번 하루 만에, 어떨 때는 몇 시간 만에 다시 예전 상태로 돌아와 있는 그녀를 볼 때마다 깜짝 놀라곤 했다.

"오뚜기가 따로 없네. 이번에도 벌떡 일어섰어."

다음 날 그녀의 집을 찾은 친구는 감탄사를 연발했다.

"대단하다. 어젯밤에는 다 죽어가더니 몇 시간 만에 언제 그랬냐는 듯 우아하고 멋진 모습으로 돌아왔어. 네 안엔 두 사람이 살고 있는 것 같아. 놀라워. 그래도 걱정되니까 정신과에 한번 가보는 게 어때? 그렇게 술을 마셔대는데 몸이 남아나겠어?"

정말이지 그녀가 걱정되어서 던진 선의의 충고였다. 친구는 그녀를 '오뚝이'라 부르며 칭찬했지만 폭음의 간격이 갈수록 짧아지고 화려한 겉모습 뒤에 숨겨진 그녀의 심적 문제가 날로 심해지는 것 같아 걱정이었다. 하지만 의사의 말도, 친구의 말도 아무 효과가 없었다. 펠버는 괜찮다는 말만 되풀이했다. 과로로 인해 몸이 약해져서 '포도주 한두 잔에' 뻗어버린 것이라고 말이다.

한번은 너무 걱정이 된 친구가 그녀의 고집에도 아랑곳하지 않고 알코올의존증인 것 같다며 치료를 종용했다. 그러자 그녀는 벌컥 화를 내며 극도로 예민한 반응을 보였다.

"네가 뭔데 이래라저래라 하는 거야. 난 성인이야. 내 일은 내가 알아서 해. 네가 뭔데 날 환자 취급이야. 네가 의사야? 피곤해서 포도주 한잔 마시겠다는데 왜 시비야."

"그러다 몸 망쳐. 큰일 난다니까."

친구가 뜻을 굽히지 않고 계속 충고하자 펠버는 진짜로 화를 내며 고함을 질렀다.

"그래, 죽으려고 그런다, 왜? 죽고 싶어 환장했다. 지긋지긋해. 사는 거. 얼른 죽어버렸으면 좋겠어."

매번 자신의 충고가 벽에 부딪힌 듯 튕겨 나오고, 그녀는 고집을 부리며 외부의 도움을 거절했지만 친구는 흔들리지 않고 걱정을 표현했다. 어느 날 밤 펠버가 전화를 걸어와 잘 알아들을 수 없는 말투로 수면제 한 병을 다 털어 먹었다고 중얼거렸다. 놀란 친구가 119에 전화를 걸고 바로 펠버의 집으로 달려갔다. 비밀번호를 알고 있는 친구가 구조대원들에게 문을 열어주었다. 들어가 보니 펠버가 의식을 잃고 침실에 쓰러져 있었다. 구조대원들이 그녀를 차에 실어 응급실로 데려갔다. 다행히 서둘러 위세척을 한 덕분에 그녀는 별일 없이 깨어났다. 하지만 추가 검사를 해보니 이미 간이 심하게 손상되어 있었고, 그 밖에도 몸 상태가 말이 아니었다.

펠버는 앞서 말한 그 지인 내과 과장의 병원에 입원해 정밀 검사를 받았다. 이번에도 그녀는 괜찮다며 퇴원시켜달라고 졸랐지만 내과 과장의 반응은 단호했다.

"현실을 똑바로 봐. 몇 년 전부터 술을 너무 많이 마셨고 지금은 알코올의존증 상태야. 몸도 상당히 안 좋아졌고. 간 수치만 봐도 알 수 있잖아. 당분간 입원해서 몸도 좀 돌보고 금주 훈련도 받아야 해. 하지만 우리가 할 수 있는 건 거기까지야. 왜 그렇게 술을 마시는지 그 이유를 찾아야 문제의 뿌리를 캐낼 수가 있겠지. 정신과 치료를 받아야 해. 정신과 치료를 통해서 근본적인 문제를 찾아야 해. 이대로는 절대 안 돼. 이대로 나가면 더 깊은 수렁에 빠질 거야. 당신 용감하고 멋진 여자잖아. 다시 한번 용기 내서 정신과로 가보자고! 잘 해낼 수 있을 거야. 우린 당신 같은 멋진 인테리어 디자이너가 필요해."

처음엔 짜증스러운 표정으로 고개를 저어대며 의사의 말을 자르고 끼어들던 그녀도 의사의 경고가 끝날 무렵에는 조용해졌고 그가 말을 마치자 엉엉 울음을 터뜨렸다. 그녀는 울면서 외쳤다.

"맞아. 더는 못 하겠어. 어떻게 해야 할지 모르겠어. 그래서 죽으려고 했던 거야. 이 고통을 끝내고 싶어. 하지만 사실은 죽고 싶지 않아. 내가 잘할 수 있을까? 정신과 치료를 무사히 마칠 수 있을까? 어린 시절부터 괴로웠는데, 기억도 나지 않을 만큼 까마득한 옛날부터 날 괴롭혔던 문제인데."

이날의 대화가 그녀의 인생을 바꾼 전환점이 되었다. 한편으로는 가야 할 길이 막막했다. 심리치료가 말처럼 쉬운 일이 아니라는 것을 그녀도 잘 알았다. 지금껏 눈 질끈 감고 외면하던 것들을 마주해야 할 테니 고통스럽고 아플 것이다. 하지만 어쩔 수 없었다. 과거의 유령과 마주해야 한다. 비켜 갈 수 있는 길은 없었다.

다른 한편으로는 지금의 위기가 기회가 될 수 있고 또 기회로 삼아야 한다고 그녀는 생각했다. 외부의 성공만 좇지 않고 자신의 마음도 들여다볼 줄 아는 행복한 삶이 저만치서 손짓했다. 그녀는 심리치료를 열심히 받아서 그 행복한 삶에 이르자고 결심했다. 이 험난한 여정에서 두 친구가 그녀의 곁을 든든하게 지켜줄 것이다. 그녀를 재능 있는 인테리어 디자이너가 아니라 장점과 단점을 고루 갖춘 한 인간으로 인정하고 존중할 줄 아는 두 친구가 그녀의 손을 붙들어줄 것이다.

지금까지 경계성 성격 장애의 특이 증상을 보이는 여러 환자를 소개했다. 극심한 불안과 공허감처럼 환자 자신에게 고통을 주는 증상도 있었고 가족, 친구, 직장 동료에게 혼란을 일으키고 심지어 그들에게 위험이 되는 증상도 있었다. 이런 여러 사례를 읽으면서 당신은 아무리 환자라 해도 증상만으로는 그 사람을 다 설명할 수 없다고 생각했을 것이다. 모든 사람에게는 그 사람만의 특성이 있는 법이어서 다른 사람들과 아무리 같은 점이 많다 해도 결국 그는 세상에 하나밖에 없는 유일한 존재이다. 따라서 앞에서 소개한 환자들 역시 처음엔 비호감으로 보였을지 모르지만 사연을 계속 읽어가면서 나름대로 사랑스러운 구석을 발견했을지도 모른다.

물론 전체적으로 경계성 성격 장애 환자가 그리 호감을 주는 사람은 아닐 것이다. 하지만 그런 이미지가 너무 일방적이고, 이 사람들의 본성에 합당하지도 않은 것이 사실이다. 이번 장에서 소개한 펠버는 경계성 성격 장애 증상을 보이지만 창의력과 매력을 겸비한 여성이다. 그녀는 경계성 성격 장애가 있다고 해서 꼭 실패한 인생이 되지는 않는다는 사실을 입증한 산증인이다. 펠버처럼 정신 장애를 앓고 있음에도 대단한 창의력을 발휘해 성공적인 삶을 사는 경계성 성격 장애 환자가 드물지 않다.

하지만 1927년에 정신과 의사 빌헬름 랑게-아이히바움Wilhelm Lange-Eichbaum이 주장했듯 중증 정신 장애가 천재성의 원인이라는 이론은 더는 통하지 않는다. 펠버는 정신 장애가 있어서 뛰어난 능력을 발휘한 것이 아니다. 타고난 창의력이 워낙 뛰어나다 보니 그런 문제가 **있음에도** 성공을 거두었다고 보는 것이 옳다.

확실하게 말할 수 있는 것은 정신 장애 환자는 질환으로 고통을 느끼다 보니 더 예민해지고, 여기에 잠재적인 창의성이 겸비될 경우 그 고통을 창의적인 활동을 통해 작품으로 승화시킬 수 있다는 점이다. 보통은 정신 질환이 너무 심해져서 창의적인 활동이 불가능해지기 전까지는 작품 활동이 가능하다. 작곡가 로베르트 슈만[5]이 대표적인 사례일 것이다. 그는 중증 정신 질환을 앓았지만 생의 마지막까지 작곡 활동을 했다. 그러나 병으로 인해 사람이 완전히 달라지자 음악적 재능마저 무너지고 말았다.

펠버 역시 경계성 성격 장애를 앓았지만 술로 몸과 마음이 피폐해지기 전까지는 성공 가도를 달렸다. 창의력이 뛰어난 경계성 성격 장애 환자 중에는 그녀처럼 오랜 세월 줄타기를 하듯 사는 사람이 많다. 물론 주변 사람들은 화려한 성공만 볼 뿐이다.

자살, 약물 남용, 마약, 알코올의존증으로 그 사람이 세상을 떠나고 난 후에야 비로소 사람들은 그가 오랜 세월 그런 약물로 자가 '치료'를 하며 겨우 버텼다는 사실을 알게 된다. 중독 물질을 이용해 불안하나마 가까스로 균형을 유지해왔지만 사소한 실책, 작은 실망, 아무것도 아닌 말 한마디, 건강하지 못한 생활로 약해진 체력이 그 위태로운 균형에 균열을 내버린다.

펠버의 경우는 폭음으로 약해진 몸과 예전만큼 성과를 내지 못한다는 불안감이 균열의 원인이었다. 하지만 불안감은 위태로운 자존감의 표현일 뿐 사실과는 다르며, 그 또한 폭음의 결과 중 하나이다. 마음의 균형을 유지하기 위해 '약'처럼 마셔대던 술은 여느 알코올의존증 환자들의 경우처럼 그녀의 몸을 크게 해치고 말았다.

그렇다면 펠버는 어떤 특징이 있기에 경계성 성격 장애라고 보는 것일까? 주변 사람들도 눈치채지 못했던 그 특징들은 무엇일까? 그녀의 모습을 가만히 들여다보면 1장에서 언급했던 경계성 성격 장애의 특징이 그득하다는 것을 알 수 있다.

제일 먼저 전문용어로 **정서적 불안정**이라 부르는 특징을 꼽을 수 있겠다. 과하다 싶을 정도로 명랑하고 무사태평하다가도 갑자기 우울증에 버금갈 정도로 기분이 축 처진다. 물론 펠버의 경우는 대체로 '어두운' 면을 잘 숨기며 산다. 그 사실을 아는 사람은 소수의 친한 친구뿐이다. 이런 정서적 불안정은 널뛰듯 제멋대로인 변덕스러운 행동으로 표현되기에 이런저런 갈등을 일으킬 수 있다.

하지만 부정적인 면 못지않게 긍정적인 면도 크다. 펠버 역시 아이디어가 샘솟고 새로운 흐름을 빠르게 흡수한다. 이런 능력이 성공으로 연결될지 혹은 아무 성과 없는 잡생각으로 끝날지는 그 사람의 창의적 잠재력과 끈기에 달렸다. 비범한 아이디어만으로는 당연히 성공을 거둘 수 없다. 그 아이디어를 실천에 옮길 수 있는 투지와 끈기가 있어야 한다. 펠버의 경우 그런 능력을 갖추었기에 의뢰가 끊이지 않는 성공한 인테리어 디자이너가 될 수 있었다. 폭음으로 몸이 망가지기 전까지 그녀는 투지와 끈기를 한껏 발휘하며 능력을 불태웠다.

경계성 성격 장애 환자가 가진 또 한 가지 특징은 **인간관계의 불안정**이다. 펠버의 경우도 주변에 남자가 많았고 그중 두 남자와는 진지한 단계로까지 발전했다. 하지만 두 사람 모두 실질적인 파트너는 아니었다. 연상의 동성애자 화가는 아버지 대신으로, 의지하고 혜택을 누릴 수 있는 대상이었다. 더구나 그녀를 여자로 갈망하지 않았기에 그와는 온전한 관계를 맺을 필요가 없었다. 결국 그녀가 그를 택한 이유는 성적 지향 탓에 자신에게 해를 끼칠 이유가 없는 동성애자였기 때문이다.

연하 피아니스트 대학생과의 관계도 성적으로는 만족했을지 몰라도(그녀는 '광란의 사랑'이라고 자랑했다) 결국 파트너 관계라고는 볼 수 없는 심각한 불균형을 드러냈다. 나이 차이만 큰 것이 아니라 인생 경험, 명성, 경제력에서도 차이는 극명했다. 모든 면에서 그녀가 월등히 우월했고 그녀는 그 사실을 당당하게 내세웠다. '싫증 났다'는 한마디로 이내 마침표를 찍었다 해도 전혀 이상할 것 없는 관계였다.

경계성 성격 장애 환자는 인간관계가 오래가지 못하고 의무감이 없기 때문에 잠시 동안은 미친 듯 열정을 불태우지만 금세 마음이 식어버린다. 파트너는 자신의 욕망을 충족시키기 위한 도구에 불과하다. 펠버의 경우도 연상의 화가는 사회적 인정을 받고 싶다는 욕망을, 대학생은 남성을 정복해 자존감을 키우고 싶다는 욕망을 채워주는 도구였다.

이런 역학은 경계성 성격 장애의 또 한 가지 특징과 관련이 있다. 바로 이들의 두드러진 **자존감 결핍**이다. 이 역학은 앞에서도 이미 여러 번 설명했다. 경계성 성격 장애 환자들은 자신감 넘치고 사교적이며 당당한 겉모습 뒤편에

극도로 확신이 없고 상처받기 쉬우며 불안에 떠는 면모를 숨기고 있다.

이를 모르는 사람은 그들이 겉으로 내보이는 자기 확신을 자칫 '거만함'으로 오해한다. 특히 동료들을 무시하며 펠버가 내뱉은 '어중이떠중이' 같은 말은 그녀가 자기 확신이 대단한 사람이라는 인상을 일깨운다. 나아가 의뢰인의 생각보다도 자기 생각이 더 중요하다고 우기는 그녀의 고집은 오만하다는 인상마저 준다. 그렇게 본다면 그녀에게 일을 맡기려다 거절당하고 화가 나서 펠버를 '자기밖에 모르는 이기적인 인간'이라고 비난했던 그 여성의 말이야말로 정곡을 찔렀다고 볼 수 있다.

그러나 앞에서도 설명했듯 그녀의 이 모든 말과 행동은 결코 자신감의 증거가 아니다. 오히려 맡은 일을 제대로 해내지 못해 사랑받지 못할까 봐 늘 초조하고 불안해하는 사람의 (과도한) 인정 욕구로밖에는 보이지 않는다. 따라서 그녀는 성공과 사회적 인정을 얻기 위해 절망에 찬 노력을 기울인다. 어디서나 사람들의 이목을 집중시키려 하고, 그 자리에서 가장 아름답고 가장 눈에 띄며 가장 성공한 인물로 보이려고 애쓰는 것도 남들에게 그리고 무엇보다 자신에게 자신의 가치를 확신시키려는 노력이다.

이런 배경을 알고 나면 연상의 동성애자 화가, 연하의 대학생과 맺은 관계도 절로 납득이 간다. 근본적으로 그녀에게 중요한 것은 이 남성들이 아니다. 이들은 '목적을 이루기 위한 수단'에 불과하다. 이런 표현이 도덕적 잣대처럼 느껴질 수도 있겠다. 경계성 성격 장애 환자들이 사람을 수단으로 이용하는 나쁜 인간인 것처럼 들릴 수도 있을 것이다. 그러나 자칫 그렇게 보일지 몰라도 그들의 행동은 나쁜 의도에서 나온 냉혹한 범죄가 아니라, (이 경우엔 타인과의 관계를 통해) 주변의 관심과 칭찬을 받으려는 절망에 찬 노력일 뿐이다. 유명 화가의 팔짱을 끼고 행사에 참석하고 젊은 애인을 거느린 채 여자들의 시샘을 즐기는 동안 그녀는 '특별한 사람'이 된 것 같은 기분에 사로잡혔다. 이런 관계와 다양한 정사를 통해 위태로운 자존감을 북돋고 모든 남성이 그녀를 갈망한다고 자신에게 암시하려 했다.

물론 잠시 동안은 그런 자존감 구원 전략이 먹힐지도 모른다. 하지만 억지 노력이 오래갈 수는 없는 법, 언젠가는 힘에 부칠 수밖에 없다. 펠버 같은 사람들은 근본적으로 머릿속에서 쉬지 않고 속삭이는 비난의 목소리와 싸우고, 자신을 의심하는 그 목소리에서 결코 해방되지 못한다. 아무리 성공해도, 아무리 무조건적인 사랑을 받아도, 그들은 결국 자신이 사랑받을 만하고 칭찬받을 만한 사람이라고 확신하지 못한다. 그러기에 성공과 인정을 향한 그들의 노력은 밑 빠진 독에 물 붓기와 같다.

펠버의 일중독도 같은 차원에서 해석할 수 있다. 펠버 같은 사람들은 한시도 가만히 있지 못한다. 가만히 있으면 그 모든 의혹과 불안이 파도처럼 밀려오기 때문이다. 그런 상태를 어떻게든 참아보려고 펠버는 술을 택했다. 하지만 술은 매우 위험한 전략이다. 효과가 빨라서 처음에는 긴장이 풀리고 어두운 생각과 암울한 기분을 떨칠 수 있지만 결국에는 간이 손상되고 몸과 마음이 피폐해지는 혹독한 대가가 따라온다.

문제는 거기서 끝나지 않는다. 술을 마시는 자신이 창피하고 죄스러워서 남들에게 그 사실을 숨기려 애쓰다 보면 그것이 다시 자존감에 큰 상처를 입힌다. 그 결과 자신을 존중하는 마음을 모두 잃고 자꾸만 사람들을 피해 숨어들게 된다. 하지만 사회적 고립은 인간관계를 통한 자존감 회복의 기회를 앗아간다. 이런 식으로 악순환이 시작되고, 환자의 자존감은 점점 더 위태로워지고 점점 더 술에 의존하게 된다.

술도 결국엔 암울한 생각과 자기부정을 막아주지 못한다는 사실을 완전히 무너져버린 펠버의 사례를 통해 잘 알 수 있다. 혼자가 되는 순간 경계성 성격 장애 환자는 그동안 계속 바꾸어대는 관계와 일을 통해 외면하려 했던 그 모든 것을 맞닥뜨리게 된다. 혼자 가만히 있으면 비참한 현실이 파도처럼 덮쳐와 마음 저 깊은 곳까지 밀려든다. 펠버 역시 그런 순간이 오면 화려하고 자신만만하던 모습은 온데간데없이 사라지고, 절망으로 몸부림쳤으며 삶의 의미를 잃고 자살 충동에 시달렸다.

그럼 그녀는 왜 자살 결심을 실행에 옮기지 않았을까? 경계성 성격 장애 환자의 가족이나 친구에겐 이 질문이 매우 중요하다. 환자의 자살 위험성이 어느 정도 되는지 올바로 판단할 필요가 있기 때문이다. 펠버 같은 사람이 실제로 자살을 실행에 옮길지의 여부는 다양한 요인에 달려 있다.

첫 번째 **죽고 싶은 마음이 얼마나 강하냐**다. 너무나 고통스러워도 살고 싶은 마음이 더 강하다면 자살을 실행하지 않을 것이다. 하지만 고통이 극심해 살고 싶은 마음을 이겨버린다면 자살 충동에 저항하지 못하고 목숨을 끊고 말 것이다. 우리는 이미 그런 자살 사례를 많이 알고 있다. 유명인이나 중요한 직책에 있는 사람들이 좌절을 겪은 후 갑작스럽게 목숨을 끊는 일이 적지 않다.

두 번째는 **사회적 관계**다. 믿을 수 있는 정서적 관계망이 형성되어 있다면 자살의 위험이 현저히 떨어진다. 이런 관점에서 펠버는 매우 다행이라 할 수 있다. 화려한 겉모습 뒤에 숨은 그녀의 진짜 모습을 인정하고 위로와 격려를 아끼지 않는 사람들이 있으니 말이다. 병원의 내과 과장은 그녀를 설득해 치료받게 만들었다. 또한 그녀가 수면제를 털어 넣고 의식이 몽롱한 상태로 도움을 청했던 친구는 바로 119에 신고하고 직접 그녀에게 달려와 주었다.

위기에 처했을 때 도움받을 수 있는 관계망이 없는 경우 자살의 위험성이 훨씬 높다. 화려한 삶을 사는 이들 곁에는 늘 사람이 들끓지만 진정으로 그를 이해하고 아껴주는 사람이 없다면 그 사람은 혼자나 마찬가지다. 사람들은 그가 찬란히 빛나는 성공인일 때에만 관심을 쏟는다. 우울증에 걸린 팝 스타, 스포츠 스타, 절망한 기업가와 정치가에게는 그 누구도 눈길을 주지 않는다.

그러니 이런 상황에서 펠버처럼 외부인의 인정에 목을 매는 사람들이 제 손으로 목숨을 끊는 것은 어찌 보면 당연한 결과일 것이다. 이들의 내면은 암울한 불안과 절망으로 가득한데 곁에서 손을 잡아줄 이는 아무도 없다. 그런 사람들의 자살 소식은 흔히 '마른하늘에 날벼락처럼' 갑작스럽다는 특징이 있다. 그 누구도, 함께 사는 가족조차 신호를 감지하지 못한다. 자신에게 맡겨진 사회적 역할을 너무나도 완벽하게 '연기'해내었기 때문에 그 화려한 외양에 속아 아무도 고통에 몸부림치는 그의 속내를 알아차리지 못했고, 그로 인해 그의 고독은 더욱 심해졌을 테니 말이다.

세 번째는 환자의 **전체 성격**이다. 이 장을 시작하면서 나는 창의력이 위기 상황을 극복할 수 있도록 돕는 힘이라는 점을 언급했다. 성격 장애 환자가 창의력을 발휘할 경우, 그에게 정신적·사회적 문제가 있기 **때문에** 창의력이 솟구치는 것이 아니다. 그는 그런 문제를 겪고 **있음에도** 창의력을 발휘할 수 있는 것이다. 그렇지만 그건 자존감이 어느 정도 강건할 때의 이야기다. 그렇지 못할 경우엔 위기가 찾아왔을 때 완전히 무너지고 만다.

떨어지는 자존감을 붙들 만큼 자아가 강하지도 않고 창의력이 있는 것도 아니라면 자살 위험은 높아질 수밖에 없다. 펠버는 폭음으로 몸과 마음이 많이 상했어도 창의적인 활동을 꾸준히 이어갈 수 있었다. 친구가 '오뚝이'라고 칭찬했듯 넘어져도 다시 일어나 일할 수 있었다.

경계성 성격 장애 환자도 성공할 수 있고 중요한 직책을 맡을 수 있다. 제일 가까운 가족들에게조차 암울한 내면을 들키지 않는 사람도 많다. 진짜 본성을 완벽하게 숨길 수 있을 만큼 화려한 외관을 쌓았기 때문이다. 심한 경우 자신조차 자신을 더는 알 수 없는 상태가 되기도 한다. 화려한 외관이 너무 압도적이어서 그 외관과 자신이 일치한다고 스스로 믿게 되는 것이다. 그로 인해 그 사람은 자기 본성으로 다가가는 길을 완전히 잃고 만다.

나는 경계성 성격 장애 환자라 해도 장애 증상이 그 사람의 전부는 아니라는 사실을 보여주고 싶다고 말했다. 특히 창의적인 잠재력을 갖춘 경우 이들도 매력적인 사람이 될 수 있으며 다채로움과 독창성, 모호한 본성을 통해 주변 사람들의 마음을 사로잡을 수 있다.

하지만 근본적으로는 그 점이 경계성 성격 장애와 창의력을 동시에 갖춘 이들의 비극이기도 하다. 성격 장애를 뛰어넘어 성공에 이르게 한 비범한 능력이 이들의 고통을 뒤덮어버리는 바람에 견디기 힘든 고독으로 내몰리게 되는 것이다. 그렇게 본다면 창의력은 두 개의 얼굴을 가졌다. 창의적 성과를 통해 인정과 사회적 접촉을 선사하고, 그를 통해 위기를 극복할 수 있도록 돕지만 또 한편으로는 타인의 인정에 목을 매는 환자를 견디기 힘들 정도로 고독하게 만든다.

물론 때로는 이런 고통이 비범한 결과물을 낳기도 한다. 이탈리아 정신과 의사이자 심리치료사인 가에타노 베네데티Gaetano Benedetti는 질병 그 자체가 아니라 질병으로 인한 고통이 창의적 효과를 낳는다고 주장했다.[6] 그 고통의 원인은 펠버처럼 정신 질환일 수도 있고 생명을 위협하는 신체 질환일 수도 있다.[7] 아니면 힘겨운 외부 상황일 수도 있고, 사회적·정치적 조건일 수도 있다. 창의적인 사람과 그렇지 않은 사람의 차이는 갈등의 특수성이 아니라 자신은 물론이고 동시대인의 마음을 움직이는 문제를 알아차리고 그것을 보편타당한 형식으로 표현할 줄 아는 비범한 능력과 예민함이다. 창의력을 갖춘 경계성 성격 장애 환자야말로 그런 능력과 예민함을 고루 겸비한 인재다.

○ 경계성 성격 장애 환자라고 해서 정신 질환으로만 그를 판단
해서는 안 된다. 온전하고 현실적인 이미지를 얻으려면 그의
특별한 능력과 사회적 자질도 고려해야 한다.

○ 경계성 성격 장애 환자는 모호하고 속을 알 수 없는 분위기를
풍기기 때문에 매력적으로 느껴진다.

○ 경계성 성격 장애를 앓고 있음에도 창의력을 발휘해 성공을
거두는 사람이 있다.

○ 보통은 정신 질환이 너무 심해져서 활동이 불가능해지기 전까
지는 창작 활동이 가능하다.

○ 창의적인 경계성 성격 장애 환자야말로 외롭다. '화려한' 겉모
습과 재능 때문에 주변 사람들이 그의 고통을 쉽게 눈치채지
못하기 때문이다.

○ 경계성 성격 장애는 성격 장애의 한 종류이다. 성격 장애는 장기간 지속되는 상태와 행동 방식이기 때문에 다양한 생활 영역에 영향을 미친다. 대부분 아동기와 청소년기에 시작되어 특수한 반응 패턴으로 굳어지므로 환자는 일상의 문제에 유연하게 대처하지 못하고 사회적으로 부적절하거나 비합리적인 행동을 하게 된다.

○ 경계성 성격 장애는 가장 많이 알려지고 가장 흔히 발생하는 성격 장애다. 환자 비율은 전체 인구의 1~2퍼센트로 추정된다. 정신과 (외래 혹은 입원) 환자 중에서는 14~20퍼센트가 경계성 성격 장애다.

○ 경계성 성격 장애의 주요 증상은 다음과 같다.

─ 죽 끓듯 변하는 기분.

— 충동적인 행동.

— 화를 잘 내고 충동적인 행동을 자제하지 못한다.

— 정체성, 자기 인식, 자아상이 불안정하다.

— 만성적인 공허감.

— 강렬하지만 오래가지 못하는 인간관계.

— 자해 행동, 자살 충동.

○ 전문가는 과학적으로 입증된 방식에 따라 진단을 내리는 것 같지만 어느 정도의 불확실과 부정확성, 의사 개인의 재량을 배제할 수는 없다. 따라서 가족 혹은 당신 자신이 그런 진단을 받았다면 설사 정신과 의사나 심리치료사가 내린 진단이라 해도 그 판단을 '맹목적으로' 믿지는 마라.

○ 경계성 성격 장애의 원인으로는 생물학적 요인 이외에 특히 아동기와 청소년기의 심리사회적 스트레스 요인(폭력, 정서적 방임, 불안한 관계의 경험)을 꼽을 수 있다.

○ 경계성 성격 장애 환자를 대할 때는 그들을 괴롭히는 결점과 문제로만 눈길을 돌리지 않도록 조심해야 한다. 그들의 능력과 재능, 그들을 지켜보고 도와주는 인맥, 그 밖의 다른 중요한 측면들도 함께 고려해야 환자를 한 인간

으로 온전히 이해할 수 있다.

○ 이 책은 경계성 성격 장애 환자의 가족, 친구, 직장 동료인 당신이 환자의 문제를 더욱 정확히 파악하고 보다 잘 대처할 수 있도록 도와주려 한다. 당신은 환자로 인해 언제든지 피해를 입을 수 있다. 혹시라도 그런 낌새가 보이거든 신속하게 대처해야 한다.

○ 경계성 성격 장애 환자는 세상을 '흑'과 '백'으로 양분한다. 혼란스럽기 그지없는 세상에서 나름의 질서를 회복하기 위한 그들만의 전략이다. 따라서 주변 사람들은 '적' 아니면 '친구'로 나뉜다.

○ 당신이 뜻하지 않게 '적'이 되어 모든 죄를 뒤집어쓸 수도 있다.

○ 경계성 성격 장애 환자는 무엇이든 남 탓을 하고 도무지 책임을 지지 않으며 자신은 무조건 피해자라고 주장하기 때문에 원만한 관계를 맺기 힘들다.

○ 그런 환자를 보고 있으면 울화가 치밀지만 또 한편으로는 무력감과 불안이 밀려오기도 한다.

○ 경계성 성격 장애 환자는 극단적인 열등감과 거만하기 짝

이 없는 태도를 오가기 때문에 지켜보는 주변 사람들은 몹시 혼란스럽다.

○ 이렇듯 극단적인 성격을 오가는 이유는 자존감이 결여되었기 때문이다. 경계성 성격 장애 환자는 마음 깊은 곳에서 항상 결핍과 무력감을 느낀다. 따라서 그것을 보상하기 위해 거만하게 굴고 상대를 제 마음대로 주물러 권력을 과시한다.

○ 환자는 죽 끓듯 기분이 변하기 때문에 옆에서 그를 지켜보는 가족은 그가 언제 무슨 짓을 할지 몰라 항상 마음이 초조하다.

○ 경계성 성격 장애 환자는 현실 인식에 문제를 겪는다. 새까만 거짓말이라고 생각될 만큼 현실을 완전히 왜곡할 때도 많다.

○ 이런 현실 왜곡은 분노를 부른다. 주변 사람들은 기만당했다고 느끼기 때문이다.

○ 하지만 왜곡이 참기 힘든 현실을 인식하지 않기 위한 환자 나름의 전략이라는 사실을 알고 나면 보다 의연한 자세로 그를 대할 수 있을 것이다.

○ 경계성 성격 장애 환자는 절망에 취약하기 때문에 사소한 일에도 미친 듯 분노한다. 이 역시 자존감 결여가 원인이다.

○ 그런 상황에서 당신은 양보와 선 긋기 사이를 오가며 줄타기를 잘해야 한다.

○ 불안 역시 경계성 성격 장애의 주요 증상 중 하나이다. 경계성 성격 장애 환자가 느끼는 불안은 소멸 공포의 성질을 띤 실존적 불안이다.

○ 환자가 느끼는 실존적 공포는 환자 자신은 물론이고 가족, 친구, 직장 동료에게까지 악영향을 미친다.

○ 참을 수 없는 불안을 견디기 위해 환자는 약물이나 다른 중독 물질에 손을 대지만, 그것은 또 다른 문제의 시작일 뿐이다. 중독으로 인해 몸과 마음이 모두 피폐해질 것이기 때문이다.

○ 경계성 성격 장애 환자는 가족이나 파트너에게 공생 관계를 요구한다. 상대가 개성을 모두 버리고 완벽하게 복종하기를 바란다.

○ 그 이유는 자존감이 낮아서 항상 버림받을지 모른다는 불안에 시달리기 때문이다. 상대에게 권력을 과시해 그 불

안과 무력감을 보상받으려 하는 것이다.

○ 환자의 가족이나 친구는 그런 파괴적인 관계 패턴에서 벗어나기가 매우 힘들다. 관계의 문제를 빠르게 깨달을수록 그만큼 조치를 취하기가 수월하다.

○ 자살 사고를 포함한 자해 역시 경계성 성격 장애의 주요 증상 중 하나이다. 이유는 다양하다. 환자는 스트레스를 해소하기 위해, 자신을 느끼기 위해 혹은 주변 사람들을 제 마음대로 조종하려고 자해를 한다.

○ 자살하겠다고 협박하는 환자를 곁에서 지켜봐야 한다면 그 부담이 어마어마할 것이다. 그럴 땐 반드시 당신 역시 전문가에게 도움을 청해야 한다.

○ 경계성 성격 장애 환자는 공허감이 심하기 때문에 확고한 자아상을 키우지 못한다. 따라서 주변 사람들에게는 도통 속을 알 수 없는 사람으로 보인다.

○ 전문가들조차 정확히 판단하기 어려울 만큼 환자는 모호하고 알 수 없는 사람이다. 때로 '역할'을 자주 바꾸기 때문에 전혀 다른 진단이 나오기도 한다.

○ 환자가 자주 '역할'을 바꾸다 보니 주변 사람들은 화를 내

고 환자를 비난하게 된다. 하지만 알고 보면 그들은 일부러 '연기'하는 것이 아니다. 환자는 자신에게 다가갈 수 없기 때문에 스스로도 자신이 누구인지 모른다.

○ 경계성 성격 장애 환자와 갈등이 생겼을 때 어떻게 대처하는 것이 좋을까?

— 대화를 시도한다.

— 현실을 인식하라고 호소하고 무슨 일이 있어도 당신이 그의 곁을 지킬 것이며 그를 존중할 것이라고 되풀이해서 말한다.

— 전문적인 치료를 권하고 전문가를 찾아준다.

— 당신이 피해를 입을 위험이 있을 경우 단호하게 선을 긋는다.

— 믿을 수 있는 제삼자를 끌어들인다.

— 친구나 전문가에게 상담을 하고 도움을 청한다.

— 필요하다면 잠시나마 환자와 관계를 끊는다.

1. Rauchfleisch, 2019.

2. Kernberg, 1990.

3. Kernberg, Dulz und Sachsse, 2001.

4. Rauchfleisch, 2011.

5. Rauchfleisch, 2004.

6. Benedetti, 1975.

7. Rauchfleisch, 1998.

Benedetti, G. (1975): Psychiatrische Aspekte des Schöpferischen und schöpferische Aspekte der Psychiatrie. Vandenhoeck & Ruprecht, Göttingen.

Kernberg, O. F. (1990): Borderline-Störungen und pathologischer Narzißmus. Suhrkamp, Frankfurt am Main.

Kernberg, O. F./Dulz, B./Sachsse, U. (2001): Handbuch der Borderline-Störungen. Schattauer, Stuttgart.

Lange-Eichbaum, W./Kurth, W. (1927): Genie, Irrsinn und Ruhm. Geniemythus und Pathographie des Genies. Reinhardt, München.

Rauchfleisch, U. (1998): Christoph Delz (1950-1993). Edition gravis, Bad Schwalbach.

Rauchfleisch, U. (2004): Robert Schumann. Leben und Werk. Vandenhoeck & Ruprecht, Göttingen.

Rauchfleisch, U. (2011): Schwule, Lesben, Bisexuelle. Lebensweisen, Vorurteile, Einsichten. 4., neu bearb. Aufl. Vandenhoeck & Ruprecht, Göttingen.

Rauchfleisch, U. (2019): Diagnose Borderline. Diagnostik und therapeutische Praxis. Kohlhammer, Stuttgart.

옮긴이 장혜경
연세대학교 독어독문학과를 졸업했으며, 같은 대학 대학원에서 박사 과정을 수료했다. 독일 학술교류처 장학생으로 하노버에서 공부했다. 현재 전문 번역가로 활동 중이다. 《스트레스는 어떻게 삶을 이롭게 하는가》, 《삶의 무기가 되는 심리학》, 《내 안의 차별주의자》, 《나는 왜 무기력을 되풀이하는가》, 《나는 이제 참지 않고 말하기로 했다》, 《사물의 심리학》, 《나무 수업》, 《우리는 어떻게 괴물이 되어가는가》, 《심장이 소금 뿌린 것처럼 아플 때》 등 여러 책을 우리말로 옮겼다.

가까운 사람이
경계성 성격 장애일 때

첫판 1쇄 펴낸날 2021년 3월 30일
4쇄 펴낸날 2023년 10월 23일

지은이 우도 라우흐플라이슈
옮긴이 장혜경
발행인 김혜경
편집인 김수진
편집기획 김교석 조한나 유승연 김유진 곽세라 전하연
디자인 한승연 성윤정
경영지원국 안정숙
마케팅 문창운 백윤진 박희원
회계 임옥희 양여진 김주연

펴낸곳 (주)도서출판 푸른숲
출판등록 2003년 12월 17일 제2003-000032호
주소 서울특별시 마포구 토정로 35-1 2층, 우편번호 04083
전화 02)6392-7871, 2(마케팅부), 02)6392-7873(편집부)
팩스 02)6392-7875
홈페이지 www.prunsoop.co.kr
페이스북 www.facebook.com/simsimpress 인스타그램 @simsimbooks

ⓒ푸른숲, 2021
ISBN 979-11-5675-869-3 (03180)

심심은 (주)도서출판 푸른숲의 인문·심리 브랜드입니다.